BÜCHERPLANTAGE

Deutsche Erstausgabe – 2021

Konzeption: Marit Rullmann & Werner Schlegel
Lektorat: Marit Rullmann
Printed in Germany
ISBN 978-3-947880-03-4

https://www.bücherplantage.de

Wolkig bis heiter – so bringt der Titel die Stimmungslage der Texte exakt auf den Punkt. Je zwei Autorinnen und Autoren schreiben poetisch und fantasievoll, aber auch kritisch und satirisch, über das Leben und Arbeiten im Ruhrgebiet, über ihre Erfahrungen daheim und unterwegs. Und natürlich über die Liebe und den Sex, die große und kleine Politik und Kultur.
Die unterschiedlichen Perspektiven machen den Band sehr abwechslungsreich. Manchmal scheint es, als ob sich die hier versammelten Texte direkt aufeinander beziehen, obwohl sie alle unabhängig voneinander entstanden. Das ist besonders spannend, da die jeweiligen Sichtweisen und literarischen Formen von melancholisch und besinnlich bis witzig und satirisch und wieder zurück führen:

wolkig bis heiter eben.

Wolkig bis heiter

Lyrik & Prosa aus dem Dachstubensalon

Inhalt

Werner Schlegel (W) — *Seite*

Claudia Schröder (C) Seite

Andreas Sticklies (A) Seite

Bibliografische Information der Deutschen Nationalbibliothek
ISBN 978-3-947880-03-4

Texte:

Werner Schlegel

Claudia Schröder

Andreas Sticklies

Gaby Teitz

Illustrationen:

Nicole Klementz

Konzeption:

Marit Rullmann

Werner Schlegel

Daheim & Unterwegs

Mein Universum (A)

Bewusstseinsschwankungen
elementieren Wechselwellen
teilerfassen Realitätsvariablen

Unaufhörliche Absonderungen
überströmen Vorstellungsszenarien
begünstigen Sichtverschiebungen

Diffus erscheinende Ansammlungen
befremdlicher Gedankenparameter
abstrahieren Raumzeitempfindungen

partiell angelegte Eingrenzungsversuche
expandieren Wahrnehmungsanlagen

Sinnesgeweitet erfasse ich
die blaue Sphäre

So witzig winzig
diese Erde

Meine Welt (A)

Schwarzgraues Netz
trennt Wohnbereiche
fädelt sich durch
Geschäftsviertel
Industrieparks
Großgewerbe
durchquert Waldgebiete
überspringt Flüsse und Bäche

Zwischen Asphalt
Pflaster
Platten
und Beton

finde ich überall
herrliche Oasen

bin
zuhause

meine stadt (W)

Hommage auf Ilse Kibgis

"meine stadt
ist kein reisekatalogknüller"

sie spricht
manchmal deutsch
als fremdsprache

am samstag
beim einkaufen zumindest
ist man umgeben
von aller herren münder

in beredtem schweigen
flüchten die älteren
frauen ihnen hinterher
gleich schwarzen schatten

mit kinderwagen
und peppigen kopftüchern
dagegen fast schon
gleichauf
die blutjungen
mit ihren jungalten
ehrenmännern

der fortschritt
vertrödelt eben
hier seine zeit
im schritttempo

in meiner stadt
glauben so manche
- und nicht nur die neuen
ewig gestrigen
klammheimlichen mundlosen -
gebe es einfach
zu viele rausländer

aber so etwas
hatten wir schon mal
in meiner stadt

Clowns (G)

Sie schlagen Purzelbäume
dann
eine Rolle rückwärts
Sie buhlen
um deine Gunst
Verteilen
bunte Luftballons

Clowns
sind in der Stadt
Sie tragen
weite Taschen
um
sie zu füllen

Meine Stadt II (W)

Meine Stadt hat kein Geld. Nicht nur für die Kultur. Auch nicht für die Kinder armer Leute. „Das können wir nicht finanzieren“, sagte sie, als ich fragte, ob sie nicht die Schulbücher für Hartz-IV-Kinder bezahlen möchte. "Das würde mich 250.000 Euro im Jahr kosten", sagte meine Stadt: "Undenkbar!"
Meine Stadt hatte (k)einen Kulturamtsleiter. Er leitete ein Irgendetwas. Um 17 Uhr zog er die Tür seines Büros hinter sich zu. Dann fuhr er in seine Stadt. Nach B. Und niemand sah ihn dann mehr in meiner. Nur wenn er etwas einzuleiten hatte, durfte er meine Stadt manchmal nicht pünktlich verlassen. Aber das geschah nur ganz selten. Meine Stadt hat schließlich kein Geld – nicht nur für die Kultur. Nur einen Cent. Gelegentlich. Einen Kulturcent auf manche Eintrittskarten. Das muss reichen. Von ihm ernähren sich in meiner Stadt viele Künstler. (Zumindest versuchten sie es. Vor Corona. Seither haben sie gar keinen Cent mehr in der Tasche). Aber natürlich kein Kulturamtsleiter. Davon kann er schließlich nicht leben. Deshalb fuhr er abends weg. Nach B., wo er leben konnte. Die arme Kultur blieb dann da, in meiner Stadt. Ganz allein – gelassen.
Trostlos.
Zum Glück ist meine Stadt gar nicht meine Stadt. Sie ist nur eine geborgte Behausung.

Steine (G)

Diese Steine
errichtet
aus deiner Geschichte
wurden Wand, Haus
oder Mauer
Unermüdlich
bautest du

Unter den Mörtel gemischt
Lachen und Weinen
Sprache und Worte
die kein Echo trugen
Ein Herz
geritzt in Stein
auf wanderndem Boden

Diese Steine
trugen verborgenen Wunsch
waren Wall
zwischen laut und leise
waren Heimat
und Hoffnung

Risse
zog die Zeit
und Staub
bedeckt die Ruinen

Bahnsteig (C)

„Achtung,
eine Durchsage:

Der Alltags-Express
hat wegen Wartungsarbeiten
mehrere Stunden Aufenthalt.

Auf Gleis 1
der Sorglos-Zug –
kein Zustieg mehr möglich.

Abfahrbereit
auf Gleis 3
die Lebenslust –
alle Türen
geschlossen.

Der Schnellzug Leben
wird heute ohne Halt
an ihnen vorbeifahren."

Autobahnträume (A)

Vor mir
Stau

Befrage Navi und
folge Empfehlung

Freie Fahrt

Stehe im Stau

Nichts geht mehr

Das Navi
ratlos

Höre Musik
schlafe ein und
träume vom Fliegen

Butte de Suin (W)

Weit unten in die Schwärze
des Tales gestreut
sanft zitternde Lichter
verlorene Sterne
wie vom Himmel gefallen

irgendwo tastend
zwei glänzende Finger
jäh ins Dunkel gekippt

oben am Berg
rütteln fauchende Böen
aus Nordwesten die Wände

drinnen das Gaslicht
wie Kerzen so schwach
heruntergedreht
zeichnet mit Schatten
dein Bild an die Wand

Augen in Ebbe und Flut (A)

Sanfte Wellen umschmeicheln meine Füße
Warme Böen hauchen durch meine Haare
Salzige Gerüche durchfluten meine Nase

Gefühle wie Schaumkronen
Augen in Ebbe und Flut

Herz und Seele
gleiten ins Watt

Gedanken lösen sich
aus Nordseeträumen

Bin angekommen

Mephisto, Herr Faust, Herr Kant und ich (W)

Ich stehe im Ilmenauer Hotel Gabelbach vor der Glasvitrine im ersten Stock, mit den ausgestellten Produkten der Kunst-Glasbläserei Sachs aus dem nahe gelegenen Masserberg. Darunter eine Traumfigur eines nackten, rot-schwarzen Mephisto. Ein unter dem Pferdehuf signiertes Unikat. Etwa 20 cm groß, liegt er da, und deutet mit filigranem Zeigefinger auf den Betrachter. An seinem langen Schweif lehnt ein kleiner Zettel mit dem Faustzitat: "(Ich bin) ein Teil von jener Kraft, die stets das Böse will und stets das Gute schafft!" Das Ganze zierlich und doch zugleich dynamisch wirkend – ein kleines Kunst-Handwerk eben. Besonders fein gestaltet die ragenden schwarzen Teufelshörner. Und natürlich das dritte – unter dem Nabel ...
Nähert sich ein älteres Paar und bleibt neben mir stehen. Sie zu ihm: "Wos is'n dos?"
Er: "Nu, sichd aus wie 'n Deif'l, nich?"
Sie: "Wos hod där denn middem Hodel zu dun?"
Ich: "Das ist Mephisto, sehen Sie das Faust-Zitat auf dem Zettel?"
Er: "Nu, der Mefisdo!"
Sie, an mich gewandt und mit dem Zeigefinger auf das gut sichtbare dritte "Horn" deutend: "Sochn Se, se guggn den ja schon 'ne ganze Weile on! Inschbirierd se der zu wos?"
Ich: "Also Kant sagte mal was vom interesselosen Wohlgefallen – ich finde ihn einfach schön" (so sehr, dass er heute bei uns zu Hause auf der Stereoanlage steht).
Er. "Nu jo, nu jo ..."
Sie: "Nu, wenn ich den gonzn Doch do druff guggn missde ... – man hädd ihm jo wenichsdens ne Underhuse onziechn genn, nich?"

War da nicht eben ein vernehmliches Grollen aus den Kulissen zu hören? Ich: "Nein, das gehört einfach dazu, dieser Mephisto ist ja wunderbar expressiv angelegt!"
Sie: "Nu, mir gefälld der – ebenfalls aus Glas geblasene!/d.A. – Schuuh donäbn besser!" Wendet sich und zieht ihn mit sich fort. Im Abgang höre ich sie fragen: "Du, wer issn eischndlisch der Faust? Und der Gond?"
Er: "Nu, der Faust äbn, dän gennd mär doch!"

In die Jahre gekommen (A)

Das alte Holz
des Sofas
hatte Bedenken

Die Federn
krallten sich
furchtsam
an das Kerngestell

Der Stoff
beruhigte
riet zur Gelassenheit
und wirkte
entspannt

Dann
setzte sich
der Elefant

Geschichten (A)

Geschichtenberge
gebären frische Staben
zur Neubesilbung

Junge Freisilben
entwickeln Sinnstrukturen
und verworten sich

Taufrische Worte
besatzen einander
und keimen neue Geschichten aus

Loch in Sti(e)r(-)(ne) (A)

Zunächst eine kurze Einführung in meine Ausführung. Es folgt ein Auszug aus meinem Ideenvorratsraum. Jenes Teil, das unter meiner Schädeldecke hängt und vor sich hindenkt.
Das Wort „Auszug“ ist in diesem Fall nicht das Gegenteil von Anzug. Selbst mit einem Güterzug oder dem Großzug, der von der Großzügigkeit herstammt, oder auch nicht, hat eben dieses keine Verwandtschaften außer seines Aushörens.
Die Sache ist schon etwas staubig, weil sie aus den Anfängen meines Mittelalters herrührt. Trotzdem könnte noch ein kleiner Aaaaheffekt, nicht zu verwechseln mit einem Ahaeffekt, erzielt werden. In dem folgenden Werk, geht es um ein blutiges Spektakel. Es geht um einen Torero, du weißt schon, so ein Stierkämpfer. –
Oh, Leser, hab ich dich gerade geduzt? Ich wollte dich eigentlich gesiezt, oder wenn ihr mehrere Leser seid, wollte ich euch geihrt oder zumindest geeuchzt haben, weil euchzen kann man auch ohne zu duzen, ist aber trotzdem noch vertrauter als siezen, also mehr so`n ihrten. Also entschuldigense, jetz nomma richtig. –
Es geht um einen Torero, ihr wisst schon, so ein Stierkämpfer. Vielleicht wird es manchem ein wenig spanisch vorkommen, aber ich habe das Werkchen „El Toro“ genannt.
Aber jetzt bitte etwas mehr mein Opa. Das heißt, einer meiner Opa`s, der auch gleichzeitig mein Großvater war, hieß Ernst. War er aber meist nicht.
So - also nun:

El Toro

Der Torero liegt hier
ich erstach ihn im Klee
denn mein Sternbild ist Stier
Olè

Un-Zufriedenheit (W)

Es war einmal ein Hängeschwein,
das ging auf Reisen, ganz allein.
Es reiste hierhin und auch her
(und manchmal reiste es noch mehr!);
es reiste her und reiste hin –
da kam ihm plötzlich in den Sinn:
ob es vielleicht nicht besser wär',
es reise überhaupt nicht mehr.

Seither hängt dieses Hängeschwein
in einer Matte stets, daheim,
und grübelt, ob's nicht besser wär'
es reise wieder hin und her.

Und die Moral von der Geschicht'?
Zufrieden ist man meistens nicht!

II *Liebe & Sex*

© Nicole Klementz

Liebe (G)

Die Schmetterlinge
tanzen
nicht mehr

Das Rosarot
löste sich auf

Die Worte
klingen alltäglich

Und die Wolke
trägt keine Sieben

Zeit
schliff uns
ab

Ohne Worte (G)

Er wollte immer
dass sie leise war
Nie laut
Nie fordernd

Als sie
ihre Sprache verlor
die Stille
sie erdrückte
verließ sie ihn

Ohne
ein Wort

Erfahrungen (C)

Erfahrungen
hart wie Stein
schwer wie Blei

können
Krater schlagen
ins Leben

oder
Mauern durchbrechen
und neue Wege ebnen

Bedienung (A)

Du sitzt mir gegenüber
Dein weiter Ausschnitt
macht mich verrückt
ich bin fertig
will aufstehen
über Dich herfallen
Deine Kleider vom Leib reißen
Dich auf den Tisch werfen und ...

Der Ober fragt
nach unseren Wünschen ...

männer denken anders (W)

"ich finde dich" sagte sie
"sehr *anziehend*"

worauf er sofort
versuchte sie *auszuziehen*

Melodie (G)

Sie trafen sich in einem Café.
Neongrell die Stimmen darin.
Die Kellnerin kam,
mit klirrenden Tassen.
Ihr Lächeln festgefroren.

Er hörte nicht auf zu reden.
Übervoll schien sein Leben.
Doch seine Augen waren
zwei gestorbene Punkte.

Auf ihrem roten Hut,
saß ein singender Vogel.
„Warum?“, fragte er irritiert.
„Siehst du?“, sagte sie leise:
Sie öffnete ihre Hände.
Er blickte auf Nichts.
Ihre Antwort klang fern:
„Ich habe nur meine Melodie.“

Sie stand auf und bezahlte.
Durch das Trinkgeld taute
das Gesicht der Kellnerin.
Draußen dampfte die Stadt
unter eiligen Schritten.

Versprechen (G)

Alle Versprechen
zerstreuten
als fegte
ein Sturm
über das Land

Und wenn du
mir heute Liebe schwörst
vielleicht
würde ich dir glauben

Für diesen
einen Moment

Augenblicke (C)

Heute sehen wir uns
und ich putze den Staub
von der Freude
fege die Gedanken fort
hole die Unbeschwertheit
aus der Truhe
motte die Sorgen ein

Die Lebenslust
suche ich hervor
und wir schließen
für einen Augenblick
die Tür vor dem Alltag

Gezeiten (G)

Ich spülte dir
Muscheln
an den Strand
über den du
gelaufen bist

Manchmal
war ich dir nahe
und
meine Wellen
füllten
deine Fußspuren

Du wolltest
ewiges Meer

Doch alles
was ich dir geben kann
ist Ebbe
und Flut

Geschoss (A)

Du tauchst vor mir auf
wie ein Geschoss
durchdringst meinen Panzer
und explodierst in mir

ich bin völlig zerstreut

Bin gefangen (A)

Die Augen verbunden
der Phantasie
hilflos ausgeliefert
spüre ich sie
Finger
Hände
Münder

Lava durchströmt
meine Adern
bis in die letzte Spitze
meines Leibes

fest umschlossen
von Haut
fiebere ich
dem Ausbruch
entgegen

un-verhältnismäßig (W)

ringeltauben
im futterhäuschen
auf dem balkon
bauen ein nest

grobschlächtig
ein paar reiser nur
kreuz und quer gelegt
nicht mehr

als eine andeutung
von heimat
für die bald schon
drohende kinderstube

und dennoch
fliegt der täuberich
stunde um stunde
zu große zweige heran

welch ein aufwand
denke ich
für 10 sekunden
sex und

dann fallen mir
plötzlich die häuser ein
garagen und spielgärten
ringsumher

Die schönste Sache der Welt (A)

Als ich Deinen Rücken kraulte,
hast Du Dich gerekelt
Als ich Deinen Mund berührte,
hast Du mich geküsst
Als ich Deinen Hals umwarb,
hast Du gelächelt
Als ich Deine Ohrläppchen liebkoste,
hast Du Dich gewunden
Als ich Deine Achselhöhlen neckte,
hast Du gekichert
Als ich Deine Brüste streichelte,
hast Du Dich gestreckt
Als ich Deine Brustwarzen verwöhnte,
hast Du geseufzt
Als ich Deinen Bauchnabel umspielte,
hast Du mein Haar gestreichelt
Als ich Deine Innenschenkel berührte,
hast Du leise gestöhnt
Als ich mich zwischen Deine Beine vorgeküsst hatte,
schobst Du mich zur Seite und sagtest:
„Geh weg, Lindenstraße fängt jetzt an!"

Der Kabeljau (W)

Ein Kabeljau, ein Kabeljau,
der hatte Sex mit seiner Frau,
drum guckten beide nicht genau
und landeten mit viel Radau
in einem Reusendrahtverhau,
von einem kleinen Fischerboot –
das war vor acht im Morgenrot.
Jetzt liegen beide mausetot,
zusammen mit Salat und Brot,
am Mittagstisch von Pastor Loht
denn dort gibt's freitags immer frisch
lokal gefang'nen Meeresfisch.

Und die Moral von der Geschicht'?
Im Wasser Sex? Das bringt es nicht!

Irrlage (A)

Wenn wir auf der Wiese liegen
und die Grashalme verbiegen
uns von der Sonne schmoren lassen
und die Partnerin anfassen
dann eine gescheuert kriegen
wissen wir - dass wir falsch liegen.

Hommage auf Goethe und Millionen deutschunterrichtsgequälter Schüler (W)

I *Der Irrtum*

Anti-Aids-Gedicht – Reife-Männer-Stammtisch-Version
(*Schulbuchbereinigte Fassung*)

Wer zeugt da so spät, vom Schnapse schon blind?
Es ist der Vater – er will ein Kind!
Wie unvernünftig von dem Alten,
den "HmHm" in das falsche "HmHm" zu halten!

II *Die Sünde*

Anti-Anti-AIDS-Gedicht – Wort-zum-Sonntag-Version
(*katholisch*)

Wär wohnt da so späät noch in Nacht und Wind,
däm töörichten Weib bei? Nuur där Gatte! Bestimmt!!
Wie sööndich vom Herrrn där Ehegewalten,
den ("Häm-Hüstel") dabei im Kondom zu behalten!

III *Die Verschwendung*

Stoßseufzer eines evangelischen Pfarrers
(voyeuristisch veranlagt)

Wer zeugt da so spät noch ein kleines Kind?
Es ist der Vater – schon wieder? Der spinnt!
Wie soll'n wir beim Füttern von so viel Gestalten
noch unsere Kirchensteuer erhalten?

Die Freuden des jungen W. (W)

Am Hermannstein,
erst ganz allein,
der Goethe öfters hockte.

Sein Herz war schwer,
er seufzte sehr,
weil die *von Stein* noch bockte.

Im Höhlenbau
(sechs-acht genau)
an einem Sonnentage,

sprach er auf ihr:
„Ach, wie wird mir
doch wohl in dieser Lage!“

Du (A)

Spuren wandern
durch mein Hirn
erschaffen vom Wunsch
dem Vater des Gedankens
der Großhirnrinde folgend
in Richtung Stammhirn

Du hast dich verwurzelt
an mir
in mir
um mich herum
ich kann
mich nicht wehren
ich bin
du bist
aus mir
nicht wegzudenken

Heiße Liebe (A)

Und er ging für sie durchs Feuer
ist durch jede Glut gerannt
doch für ihn kam bald ein Neuer
denn er war völlig abgebrannt

Irrtum (W)

Natürlich versprach ich
dich auf Händen zu tragen:
aber vom Mülleimer
war nie die Rede

Verrat (C)

Noch bevor der Hahn
dreimal kräht
üben wir wieder
Verrat
an der Wahrheit
an der Freundschaft
und vor allem
an der Liebe

Un-Sinniger männlicher Zwischenruf

Dieb (A)

Er klaute Niet und Nagel
Erbsen, Kohl und Spargel
Richterrobe und Talar
Jesuskreuz und Traualtar
Parlament und Bundeswehr
Ozean und Totes Meer

Ich war an einem dieser Orte
Und nun fehlen mir die Worte

über akw-sicherheit und coronaexperten (W)

nach absolut zuverlässigen
aerodynamischen berechnungen
besitzt die hummel
zu kleine tragflächen
und kann daher
überhaupt nicht fliegen

Die Schonzeit ist vorbei (A)

Der Bär liegt tot
am Wegesrand
ein Jogger
hat ihn umgerannt

Zu(n)fall (W)

Es spielte Ritter Kunibert
recht blöd herum mit seinem Schwert
und traf Frau Kunigunde –
worauf sie jäh verstummte.

Von diesen Zeilen die Moral?
Die gibt es doch nicht jedes Mal!

Umsorge (A)

An der Decke klebt ne Schnecke
Auf dem Boden schläft ein Wurm
In der Wand steckt eine Zecke
denn im Freien tobt der Sturm

Geb der Schnecke eine Decke
geb dem Wurm ein dickes Tuch
dann geh ich zu dieser Zecke
und erschlag sie mit nem Buch

Und die Moral von der Geschicht
Zecken mag ich einfach nicht

Un-Moral (W)

Ich kenn' ein kleines Schweinchen,
das strampelt mit den Beinchen,
in seinem Bettchen hin und her
und grunzt und denkt: „Ich werd' nicht mehr!"

Von diesen Zeilen die Moral?
Die gibt es nur von Fall zu Fall!

Mücken (A)

Sieh nur diese Mückenschädel
Mückenschädel find ich edel
und ich klatsch sie mit der Hand
als Trophäen an die Wand

Butterbrot (A)

Ich sitz allein in einem Boot
neben mir ein Butterbrot
das zu mir spricht:
"Ess mich nicht!"

Ich sitz allein in einem Boot
ohne Butterbrot

III *Leben & arbeiten*

© Nicole Klementz

konkrete utopie (W)

gewidmet allen verbeamteten Alt-68ern

vor fünfzig jahren hieß es:
enteignet springer! und
mehr demokratie wagen!

heute haben wir
noch mehr springer
viel bertelsmann und

die demokratie
ist weitgehend verbeamtet

diesseits von eden (W)

verwitterte sprachfetzen
verdorrt
in den leeren wortwüsten
der politik

abgestorbene gefühle
versunken
in den reizbilderfluten
der massenmedien

erstickte menschlichkeit
verrottet
unter konsummüllhalden

dazwischen
ein paar übriggebliebene
halbtote seelen

vergeblich wartend
dass die natur
endlich zurückschlägt

und sie
wiederbelebt

Medienwelt (C)

Dem Rausch der Medien
verfallen
wird kaum noch
miteinander gesprochen

wird der Computer
zum stummen Freund
siegt
die Sprachlosigkeit

Beim selbstsüchtigen Spiel
verliert das Wir
wird das Miteinander besiegt
vom gefühllosen Ich

Am Horizont (G)

Am Horizont
Lodern Feuer
Es züngelt
Immer näher
Vernichtet
Alles Menschliche
Frisst sich
Durch die Gedanken
Zerstört
Das Miteinander

Zurück
Bleibt Niemandsland

Grosses Politik (W)

Du nix verstähen grosses Politik? Ist sich doch aalles gaaanz einfach, Brriderchen:
Bomben auf Millionenstadt Donzek – särr gutt!
Bomben auf Millionengäbiet Gaza – noch bässerr.
Ibergrosses ungelenktes Silvästerrakäte auf Acker in Israäl – särr, särr bäsä!
Drohnenbomben auf Afghanistan – gaanz, gaanz gutt!
Russische Truppen an Ukrainegränze – gaanz, gaanz, gaanz bäsä! Muss man warnen schlimmes Putin vor Einmarrrsch.
Drohnenbomben auf Nordirak, Jämen, Mali, aabsolut gutt!
Schiiten-Räbellen im Irak – gaaanz bäsäs grosses Tärrorgrupp! Muss sich gutes Bibi gleich melden: „Bin laden – ganz grosses Gäwähr!"
Rächte Räbellen auf Maidan – gaanz, gaanz grosse Helden, muss Wästen glaich viel helfen mit CIA-Instruktoren, Polit-Kommissaren und natirlich viele, viele Waafen.
Bomben auf Vietnam, Panama, Granada, Särbien, Afghanistan, Irak, Lybien – särr, särr, särr gutt! Noch viel bässer Bomben auf gaanze Welt, wo uns nix gefällt. Am allerbästän auf Putin – ist sich gaanz, gaanz, gaanz bäsär Mensch!
Jetzt verstanden grosses Politik von Welt, Towaritsch? Ist sich wirklich gaanz einfach: Ich gutt, du bäsä!

Allein (G)

Ich rufe
in meine Dunkelheit
hinein

Aber
nicht einmal ich
höre mich

Ich treibe
endlos
durch die Zeit
heimatlos

Drahtseilakt (C)

Augenblicke
Zufälle
Sekundenlängen
entscheiden
über ein Schicksal

Halte ich weiter
die Balance
oder
steht mir der Sturz
in die Tiefe bevor

Wieder einmal
ist der Himmel
nur einen Pulsschlag
vom Abgrund
entfernt

Ohne Krimi geht die Mimi … (W)

Es reicht! Wirklich! Ich habe keinen Bock mehr auf abgetrennte Köpfe, schwerverletzt vergewaltigte und lebendig begrabene Frauen (Usedom-Krimi), auf Morde, die immer blutiger, makabrer und vor allem – frauenfeindlicher daherkommen. Es macht mich krank, besonders, wenn ich bereits krank auf der Couch liege und diesen ganzen männer-drehbuch-fantasierten TV-Rotz sehen muss, weil meine Frau ihn sich ansieht.
Sie ist süchtig. Süchtig nach diesem Mist, der das Land zersiedelt, in lauter Mordsgebiete. Von Usedom über Ostfriesland und die Eifel bis ins tiefe Bayern und weiter zum Bodensee. Jedem Ort seinen eigenen Massenmörderkrimi, scheint die blutige Devise der Programmmacher zu sein. Ein Blick ins TV-Programm und ich bin umstellt von Krimis (und zur Abwechslung Serienmüll). Von schlechten noch dazu, mit logischen Handlungslücken, groß wie offene Scheunentore; mit Ermittlerfiguren, die der Psychiatrie oft näher sind als die Täter, und die sich mitten in stockdunkler Nacht prinzipiell allein an gefahrdräuende Orte begeben; mit Frauenbildern, die nicht vom Unterhaltungswillen gezeichnet sein können, sondern geprägt sind vom offenbar abgrundtiefen Frauenhass einer schwer entwicklungsgestörten Mittdreißiger-Autorengeneration.
Ich sehne mich in solchen Momenten zurück nach den guten alten Zeiten einer betulichen Miss Marple, die ab Paddington 16 Uhr 50 mit subtilem britischem Humor meist recht simpel ausgeführte 08/15-Morde mit Spannungsentwicklung aufklärte, statt ihre Protagonisten mit blutigem Gemetzel zu umgeben. Sehne mich zurück nach Francis Durbridge, ja – selbst nach dem alten Erik Ode oder Harry, der niemals den Wagen vorfuhr.

Es macht mich krank und kränker, wenn schon Sekunden nach dem Ende des einen Psychopathen marktschreierisch die im Wortsinn Hackstücke des nächsten feilgeboten werden, so als hätte ich noch nie etwas von Programmzeitschriften gehört. Was erlauben – mit meinen Gebühren? Ich bin ihr Kunde! Einer, der einen erholsamen Fernsehabend verbringen will, egal ob ich gesund bin - und erst recht im Bettlägrigenzustand.
Ich wiederhole mich ungern, aber: ein Blick in die Fernsehzeitschrift und ich sehe: Mord, Mord, Mord und noch einmal Mord. Keine Sience Ficton (und falls sich doch mal eine ins Programm verirrt sind es Terminatoren-Alien 8.0 oder die gefühlt 2.749 Odyssee im Weltraum). Dokumentationen über wichtige gesellschaftliche Themen? Fehlanzeige! Da schicken wir lieber einen schwerstgestörten Dortmunder Kommissar ins nicht minder gestörte Reichenmilieu, auf das die Ärmsten selbstberuhigend sagen können: "Seht ihr, Geld macht auch nur unglücklich!".
Kein Wunder übrigens, wenn immer mehr Männer des Abends das Wohnzimmer meiden und sich vor ihre PC's zurückziehen. Weil Mann das schlicht nicht mehr aushalten kann. Diese alltäglich blutrünstigen Krimi-Drogenlieferungen frei Haus, auf praktisch allen Kanälen.
Was soll das? Ja, ich weiß, Ostfriesenkrimis verkaufen sich wie warme Semmeln – von Schweden-, Norwegen- oder Dänenkrimis ganz zu schweigen. Weil Frauen sie kaufen, verschlingen, tauschen. Weil die Herren Krimidealer in den Programmkonferenzen sie über Jahre hinweg süchtig machten, mit ihrem Billigdreck. Diese Erkenntnis ist nicht neu. "Ohne Krimi geht die Mimi nie ins Bett", klagte Bill Ramsay schon in den frühen 1960ern. Damals klang das noch wie eine zu belächelnde nette Marotte.

Heute ist es eine Junkystory. Man sehe sich die diversen Bücherbörsen im Lande an. Frauen, zu Dutzenden, die, hektisch in Bücherbergen wühlend, sich stapelweise gedruckten Stoff besorgen. Die Skandinavier lachen sich kaputt über den Erfolg ihrer Autoren gerade in Deutschland. Offenbar wissen sie nicht, was Sucht bedeutet. Ich schon, wenn ich das Drogendepot meiner Süchtigen auf ihrem Nachttisch sehe.
Und ihr, mit eurem öffentlich-rechtlichen Kulturauftrag, gebt dem Affen immer weiter Zucker und den Süchtigen die tägliche Overdosis, mit Regional- und demnächst wohl noch Kleinstadt- oder Ortskrimis. Eine ganze Krimidealer-Industrie verdient sich dumm und dämlich daran.
Schluss! Aus! – denn freiwillig werden diese Angstdrogenhändler nicht auf ihre Käuferinnen verzichten. Also müssen wir für den Entzug sorgen. Und zwar bevor wir südamerikanische TV-Verhältnisse haben – die dort längst keine TV-Verhältnisse mehr sind. Man kann nicht Abend für Abend pausenlos Gehirne mit Höher-schneller-weiter-Mord-und-Totschlag bedröhnen, ohne dass dies irgendwann Folgen für's Gemüt hätte. Und sei es auch nur die, dass die Dosis ständig erhöht werden muss, wie bei allen Süchtigen.
Ohne Krimi ...? Ab jetzt schon. Weil ich euch Mords-Dealern den Saft abdrehe. Und zwar sofort! ENDE.

Standfest (A)

Ein Mann steht vor Gericht
bleibt standhaft bei seiner Aussage
und steht zu dem was er tat

jahrelang stand er am Fließband
doch eines Tages stand er auf der Straße

Bald schon stand ihm das Wasser bis zum Hals
und eines Tages stand er
mit dem Messer vor seinem ehemaligen Chef

Jetzt
steht er vor Gericht
hat alles gestanden

und nun:
muss er sitzen

Ohne Bewährung (A)

Nachdem das Gefängnis
eingestürzt war
stellte man fest
der Beton
war ohne Bewährung

Konsumgesellschaft (C)

Nervöses Hetzen
durch Geschäftsstraßen
Starres Vorbeilaufen
ohne Blick füreinander

Eingefrorene Herzen
erwärmt von den Lichtern
der Leuchtreklamen

Menschlichkeit
vermarktet

Zu finden
hinter Werbetafeln
im Regal
zwischen Sonderangeboten
und Geschenkartikeln

Zufriedenheit
verpackt
in Goldpapier oder
Folie
Lieferbar
in jeder Ausführung
und allen Preisklassen

Mit Geld
lässt sich alles kaufen

Opa Charly hat gesagt (W)

Hommage für einen kapitalen Murks

Das Sein
bestimmt das Bewusstsein?
Das Klassenbewusstsein
ist Schein?
Das Geldschwein
hat ein Scheinebewusstsein?
Bewusstes Sein heißt
ein Schweinegeld machen?
Das Schwein
bestimmt das Bewusstsein?
Ich bin
ein bewusstes Schwein?

Der Schein
bestimmt das Kassenbewusstschwein!

Lebensspiel (C)

Manche
würfeln hohe Zahlen
entfernen andere vom Spielfeld
betrügen heimlich
gewinnen um jeden Preis

Andere
ziehen schlechte Karten
bekommen wenig Punkte
werden aus dem Weg geräumt
auch wenn sie noch so ehrlich spielen

Einkaufsbummel (C)

Meine Garderobe muss dringend aufgebessert werden, so mache ich mich auf zum Bekleidungshaus im nächsten großen Einkaufszentrum.
Ich laufe durch die Passage und entdecke sofort das richtige Geschäft. „Mode für den grauen Alltag“, lese ich über der Eingangstür. Hier finde ich bestimmt etwas Passendes, freue ich mich und trete ein. Eine gut gekleidete Verkäuferin kommt mir entgegen. „Kann ich ihnen weiterhelfen“, fragt sie, während ihr Blick an mir hinab gleitet und sie mir schließlich mitleidig ins Gesicht sieht. Heute sehe ich wirklich fürchterlich aus, denke ich. Seit Jahren trage ich dieses dicke Fell, das an einigen Stellen schon ganz dünn geworden ist und kleine Löcher aufweist. Es musste einige Angriffe abwehren und ist seitdem ziemlich abgenutzt.
„Ich brauche unbedingt ein neues dickes Fell“, sage ich leise zu ihr und schäme mich ein wenig für meinen ungepflegten Auftritt. „Es tut mir leid“, entschuldigt sich die Verkäuferin, „wegen der starken Nachfrage haben wir keines mehr vorrätig.“ Enttäuscht blicke ich sie an. „Aber vielleicht sehen sie sich einmal unsere neue Kollektion an“, schlägt sie vor und führt mich in die Abteilung gegenüber.
Sie nimmt ein Kleidungstück vom Bügel und hält es mir entgegen: „Die neuen Nervenkostüme sind eingetroffen. Jetzt in leuchtend grellen Farben und aus strapazierfähigem Material.“ In der Umkleidekabine probiere ich das bunte Nervenkostüm. Es sitzt perfekt. Die Verkäuferin reicht mir noch die passenden Accessoires. „Zum Nervenkostüm trägt man Samthandschuhe und eine rosarote Brille. Dann kann wirklich gar nichts mehr schief gehen“, erklärt die Verkäuferin. „Wenn sie ganz sicher sein wollen“, fährt sie fort, „dann nehmen sie noch den Sorglos-Hut.

Hier habe ich ein besonders unbeschwertes Modell“, sagt sie und überreicht mir den Hut.
Ich drehe mich vor dem Spiegel. Großartig sehe ich aus! So entspannt habe mich schon lange nicht mehr gefühlt. Bevor ich bezahle, fahre ich in die Kurzwaren-Abteilung. Hier nehme ich noch mehrere Rollen Geduldsfäden mit, damit neue Löcher im Nervenkostüm sofort zugenäht werden können.
Bin ich jetzt gerüstet für den grauen Alltag, überlege ich auf dem Weg zur Kasse, oder brauche ich noch die lachenden Augen aus Glas?

bürgernaher sparvorschlag (W)

die abgeordnetenzahl
drastisch gekürzt

abgewickelt
alle ministerien
(vorneweg
das für arbeit
und soziales)

im kanzleramt
der mutti:
Hartz-IV-diät

statt der bonzenschaukeln
bahn-, bus-freifahrttickets

und beim staatsbankett
gibt's was leckeres
von der restetafel

locker sparte das
zig millionen ein:
tag für tag!

Stillstand (C)

Sie beklagen

die Kälte
die Dunkelheit
die Einsamkeit

und
verriegeln die Tür
schließen die Fensterläden
löschen das Licht

wie gewohnt
wie immer

Gefangen (G)

Ich wage nicht
den Schritt
hinaus
Wie gelähmt
höre ich
außerhalb
meiner Mauern
das Leben
Doch
meine Wege
führen nur
nach Innen
und ich bin
mein eigener
Gefangener

Ausweg (C)

Heute
sind sie von mir gegangen
meine Hoffnung
meine Freude
mein Mut

ihre Koffer
prallgefüllt
mit meinen Träumen

Noch
erstarre ich
in Traurigkeit

statt dem Notausgang
zu folgen
ins Leben

wo sie
mit offenen Armen
wieder
auf mich warten

Veränderung (C)

Aus der Leere heraustreten
Das Vakuum des Stillstands abstreifen

Wandern auf dem schmalen Pfad
der Veränderung

Die aufgehende Sonne
löscht die Resignation der Nacht

gibt den Blick frei
auf das andere Ufer

an dem der Neubeginn
wartet

Wagnis (C)

Schritt für Schritt
taste ich mich vor

Auf dem glatten Untergrund
finden die Füße
keinen Halt
gleiten unsicher
voran

Vorsichtig
bewege ich mich
auf dünnem Eis

Erreiche ich
das Ufer
oder breche ich
plötzlich ein
und gehe
wieder einmal unter

Folgsam (G)

Der Hirte
hat seine Hunde
so
bleibt die Herde
zusammen
Ausbrüche
werden zurück getrieben

Sie fressen
das Gras
der Weiden
und bezahlen
am Ende
mit Blut

Solange sie
prallgrüne Wiesen haben
und Angst
vor den Hunden
werden sie
dem Hirten blind folgen

bis
In den Tod

coronakratisch grundgeordnetes (W)

wer das grundgesetz nachmacht
oder verfälscht
oder ein nachgemachtes
oder verfälschtes
sich verschafft
und in verkehr bringt
wird mit freiheitssstrafe
nicht unter zwei jahren
nicht bestraft sondern
berufen
zu lebenslangem
beamtendasein

in besonders
schweren fällen
kann erkannt werden
auf eine
politikerkarriere

Igelträume (A)

Ein Igel sprang von Ast zu Ast
mit einem furchtbar dicken Quast
Er malte damit froh und munter
mal kreuz, mal quer, mal rauf, mal runter

Er kam darauf, weil man oft liest
die Welt wär öde oder trist
drum reifte der Gedanke bald
mehr Farbe muss in diesen Wald

Als er genug gestrichen hatte
begab er sich zur Hängematte
hat sich geputzt und auch gestriegelt
und in der Matte eingeigelt

versank alsbald in tiefe Träume
morgen streicht er wieder Bäume

Gottesgabe (W)

Herr Michel sah, von einem Baume,
fiel eine pralle blaue Pflaume,
direkt – und das ist wirklich wahr –
vor einen dürren Adebar –
der flugs sie fraß, um drauf zu loben,
den Rabengott, der ganz weit oben,
verärgert saß, auf Zweiges Mitten,
von wo das Fruchtstück ihm entglitten.

Und die Moral, wenn man’s bedenkt,
heißt, dass meist nicht von "Gott" geschenkt,
was uns erscheint, als käm’s von oben:
weshalb wir oft den Falschen loben.

IV *Werden & Vergehen*

© Nicole Klementz

Atemlos (C)

Der Wind der Zeit
vertreibt die Tage

Monate fliegen in wirbelnder Luft
wie bunte Blätter

und Stürme
wehen Jahreszahlen vom Papier

Nur die glücklichen Augenblicke
halten die Zeit an

Sanduhr (G)

In meiner Sanduhr
verharre ich
unter Glas

Mein Leben
verrinnt
fällt zu Boden

Stunden
Tage

Am Ende
bleibt mir
nichts

Ich zerschlage
das Glas

verstreue
den Sand
der mir blieb

Vielleicht
wird er zum Strand

Schnelllebig (C)

Wie Wasser
im Fluss des Lebens
vorantreiben

in ruhigen Gewässern
Stillstand aushalten

den Wasserfall
hinabstürzen

bei Flut
auf den Wellen tanzen

für kurze Zeit
am Ufer Halt finden

und gleich schon wieder
fortgerissen werden
vom Sog der Zeit

Friedlich (G)

In den strahlendblauen Himmel
Hat sich die Sonne gelegt
Durchflutet die Wiesen
Die Stille eines Morgens
Zitronengelb
Blühen Narzissen
Krokusse öffnen ihre Köpfe
Und in Baumkronen singen Vögel
Ein Meer von Stiefmütterchen
Trotzt dem letzten Frost
Neues Leben wächst
Bunte, kleine Windräder drehen sich

Auf den Gräbern
Getöteter Kinder

Stillstand II (C)

Während sie sehnsüchtig
an die Vergangenheit dachte

mit angstvollen Gedanken
die Zukunft erforschte

und phantasievoll
an ihrem Luftschloss baute

spürte sie nicht
auf ihrer Flucht
in die Traumwelt

dass mit jeder Stunde
ungelebter Zeit

die Gegenwart
sinnlos neben ihr zerplatzte
wie eine Seifenblase

Aufgefangen (G)

Hetzen
Ein automatisches Lächeln
ohne Spiegelung
Die Pflicht ruft
Im Vorbeigehen hebst du
die Hand zum Gruß
Kalenderplanung
Sonst fehlt der Takt
Am Abend ist der Tag
abgehakt

Nur der frühe Morgen
fängt dich auf
In der Stille
kannst du dich
atmen hören

Schweigend (G)

Schweigend
legt sich jeder Tag
in ein leeres Leben

Müde
von der Stille
und doch
ohne Schlaf

Anlehnen wollen
Geborgenheit spüren

Aber wie
auf einsamen Wegen

Keine Wende in Sicht (A)

Eine Wand starrt mich an
Ich sehe nach links
Eine Wand starrt mich an
Ich sehe nach rechts
Eine Wand starrt mich an
Ich drehe mich um

altern (W)

people langsam growing older
and her kopf – z.B. from Wolter –
also baut strong ab, get mad.
that has folgen, realy bad.

Walter sometimes will out's haus
and the search starts, ach, oh graus,
cap and mantel, schlüssel, shoes
(oft it looks like key is loose).

but at last all is together,
he can start – trotz real schlecht weather!
but then shoots it through his sinn:
where have I my brieftasch' hin?

so he turns around again,
fluchend, starts new search and then,
kipping out all schublads there
on the boden more und mehr;

searches im bedroom unterm bed,
auch im bathroom, in toilet –
last he will the police holen
ring them, says: "brieftasch is stolen!"

but the cops know Wolter well,
telling him, "mensch, go to hell,
but first look in your jacket
there's the brieftasch', mann ich wett'!"

so at last all things are good,
Walter takes again his hut.
he goes out and schließt the door –
but now happy end, no more!

'cause, the door is closed, but where
is the schlüssel? just in there!
helpless Wolter stands vor'm haus
thinks "the altern is a graus"!

and the moral from this tale?
zettelkleben won't get fail!

Abendgedicht (A)

Der Tag vergeht
die Nacht bricht an
es ist schon spät
bis morgen dann

Abendfrieden (W)

Die letzte Amsel ist verstummt –
Und auch der Alte nicht mehr brummt!

Dem hat Frau Meyer still und sacht,
Zwei Stunden früher, kurz nach acht,
Das Lebenslichtlein ausgemacht –
Mit Gift – nun hängt im Abendfrieden,
Der dürre Nörgler, abgeschieden,
Auf seinem Gartenstuhl herum,
Links neben dem Aquarium,
(Ein Fisch beglotzt ihn ziemlich dumm).

Frau Meyer schlief bis Mitternacht,
Hat dann den Toten weggebracht,
Zum Friedhof, unterm Baum, ins Grab –
Wo Gatte eins bis drei schon lag.

Und die Moral von diesem Krimi?
Nicht immer liest sie nur, die Mimi.

Träume (C)

Sekundenlängen entfernt
vom Jetzt
wohnt die Phantasie

mit sanften Flügelschlägen
hebe ich ab
und tauche ein
in ihre bunte Welt

halte die Zeit an
nur einen Augenblick
bevor meine Träume
Vergangenheit werden

und ich falle
auf den Boden
der Realität

Schlafwandeln (G)

Der Mond
lockte mich
Und ich ging
mit ausgestreckten Armen
in Lichter
Menschen
berührten mich
Ich ging

Du
sagtest
meinen Namen

Ich fiel
wach geworden
zurück

Herbst (C)

Den Wind der Veränderung
zwischen die Wörter wehen

hochwirbeln
bedeutungslose Inhalte

Weisheiten aufsammeln
wie buntes Herbstlaub

und falsche Wahrheiten
wie trockene Blätter

mit jedem neuen Schritt
knistern hören

Herbst II (C)

Der Wind
hat sich gedreht
Hoffnungen verwehen
Gedanken versinken
Träume verblassen
zu einer Idee
von Gestern

Winter (C)

Raureif
liegt um vergessene Wünsche

Im Frost
erstarrte Hoffnungen

Gleich ungesagten Worten
unter den Schritten
knisterndes Laub

und

Schneeluft
kühlt die Wunden

Winternacht (A)

Der letzte Frost erweckte Frust
und aus der Laune einer Lust
hab ich in dieser Winternacht
den ersten Schneemann kalt gemacht

Lebkuchen (G)

Heute hatte ich Zeit. Meine Wohnung war fertig. Ich war zum Rausgehen bereit. Dabei war es erst elf Uhr am Morgen.
Ich wollte einkaufen. Keine Großeinkäufe. Die hatte ich bereits im November erledigt.
Ich mochte es einfach nicht, mich im Dezember in das Getümmel zu stürzen.
Und ich liebte Vorräte. Das war für mich immer eine Beruhigung.
Nein, Ich wollte einfach nur ein paar Pralinen, Süßes, als Mitbringsel kaufen.
Natürlich auch etwas für mich.
So verließ ich meine Wohnung, in der ersten Dezemberwoche, an einem ganz normalen Wochentag.
Wechselte über die Kreuzung, um zu meinem Lebensmittelgeschäft zu kommen.
Obwohl das Geschäft einem Großunternehmen angehörte, war es nur eine relativ kleine Filiale.
Ich staunte immer wieder, wie viel Ware darin untergebracht war.
Es hatte Charme. Fast so wie ein alter Tante-Emma-Laden aus früheren Zeiten.
Womit ich eigentlich nur meine, dass dort alles ruhiger und freundlicher zuging.
Die Gänge waren so schmal, dass dort kaum ein zweiter Einkaufswagen durchpasste,
und so musste man oft fragen, ob man vorbei könne.
Fast immer geschah dies mit einem Lächeln auf beiden Seiten.
Zudem schätzte ich, dass sie einen Lieferservice hatten, den ich auch nutzte. Denn schwere Sachen konnte ich nicht mehr tragen.

.

Das gab mir das Gefühl, irgendwie zu Hause zu sein
Ich nahm also einen Wagen und begab mich in das Geschäft.
Schlenderte bis zu den Weihnachtssüßigkeiten, um dann stehen zu bleiben, und mir die verschiedenen Dinge anzusehen und zu wählen.
Neben mir am Stand betrachtete eine alte Dame die Auslagen.
Spekulatius, Printen, Lebkuchen, Zimtsterne.
Sie fiel mir auf.
Sie mochte gut zehn bis fünfzehn Jahre älter sein als ich.
Trug einen Mantel, der wohl einst bessere Tage gesehen hatte. Auch wenn man noch die gute Qualität erkennen konnte, waren an den Taschen und Ärmeln blanke Stellen.
Ein dunkler Rock lugte eine Handbreit unter dem Mantelsaum hervor.
Dazu hatte sie graue, blickdichte Strumpfhosen an.
Ihre Füße steckten in flachen, schwarzen Schuhen, deren kleine Absätze schon schief abgelaufen waren.
Ihr Gesicht war faltig und die Haare waren zu einem Dutt zusammengehalten. Das wiederum erinnerte mich an meine Großmutter, die auch einen Dutt getragen hatte.
Und genau wie es bei meiner Oma gewesen war, hatten sich einige widerspenstige Haarsträhnen daraus befreit.
Nur war ihr Haar grau, nicht wie das dunkle Haar meiner Oma.
Sie sah mich kurz an, vielleicht weil ich zu lange einen Blick auf sie geworfen hatte. Ich lächelte ihr zu und sagte so etwas wie: „Da weiß man wieder nicht, was man nehmen soll."

Sie nickte und antwortete: „Ja, es ist so viel."
Dabei konnte ich in ihre Augen sehen.
Sie waren von einem wunderbaren Blau, doch in ihnen stand tiefe Traurigkeit. Als läge ein dunkler Schleier darüber.
Am liebsten hätte ich sie einfach in den Arm genommen und gedrückt.
Nur mal so. Weil mir danach war. Aber das wagte ich nicht.
Schließlich legte sie eine Packung Lebkuchen in ihren Warenkorb.
Indem sich außerdem noch ein abgepacktes Brot, ein Becher Margarine und eine Packung Wurst befanden.
Ein Liter Milch und ein kleiner Karton Eier.
Auch ich war mit meiner Auswahl fertig und ging ein Stück weiter.
Und während ich noch an einem Ständer nach Weihnachtskarten stöberte, sah ich aus den Augenwinkeln, dass sie die Packung Lebkuchen hastig zurück ins Regal legte.
Mich überkam ein völlig merkwürdiges Gefühl.
Es war, als hätte man mir einen Stich ins Herz versetzt.
Meine Gedanken überschlugen sich. Ich hatte eine spontane Idee.
Schnell legte ich drei Packungen Lebkuchen in meinen Wagen und begab mich sofort zur Kasse.
Dort sahen wir uns wieder. Sie stand hinter mir und ich lächelte ihr freundlich zu.
Ich verließ das Geschäft, aber ich blieb in der Nähe stehen.
Dann kam die alte Dame aus der Eingangstür.
Ich ging auf sie zu.

Meine Idee brachte mich in große Verlegenheit, und für einen kurzen Moment verfluchte ich meine Spontanität „Entschuldigung," stotterte ich mit hochrotem Kopf. „darf ich ihnen was schenken?"
Sie sah mich erstaunt an und im ersten Augenblick dachte ich schon, dass sie schroff ablehnen würde.
„Oh, wieso?", fragte sie schließlich.
„Einfach nur so. Mir ist danach ihnen eine kleine Vorweihnachtsfreude zu machen," antwortete ich immer noch verlegen.
Ich dachte nun, dass ich es erklären müsste: „Ich sah, dass sie die Lebkuchen zurücklegten. Das hat mich irgendwie berührt. Bitte nehmen sie es mir nicht übel."
Und damit übergab ich ihr die drei Packungen Lebkuchen.
Höchst erstaunt, und ich dachte schon, dass sie erbost über mich sei, sah ich aber, dass ein feuchter Schimmer in ihre Augen trat, und sie doch mit leicht zitternden Händen die Packungen entgegennahm.
Mir fiel ein Stein vom Herzen. Schließlich wollte ich nicht ihren Stolz verletzten, was leicht hätte passieren können.
In der kleinen Pause die entstand, sagte sie plötzlich leise: „Mein Mann ist vor einem halben Jahr gestorben."
„Ich verstehe", sagte ich.
Ja und ich glaubte zu verstehen.
Da war scheinbar nichts mehr über für Lebkuchen. Diesen Eindruck hatte ich.
Ich hatte diese Zeiten auch, als sich vor sieben Jahren mein Leben veränderte und ich in meine eigene Wohnung zog, lernte ich schnell was es heißt, Angst um seine Existenz zu haben.

Lernte ich, wie es war, am Abend durchzuatmen, dass dieser Tag endlich vorüber war und zum nächsten überging.
Lernte ich, wie klein die Welt wurde, wenn man nichts hatte, womit man sie sich hätte vergrößern können.
Ich lernte, alte Kleidungsstücke mit Würde zu tragen.
Und ich lernte, wer noch blieb und wer ging.
Wir standen bestimmt noch eine gute halbe Stunde zusammen in der Dezemberkälte, aber wir spürten sie nicht.
Nur die Nähe, die wir hatten.
Sie erzählte aus ihrem Leben und ich hörte ihr zu.
Allmählich entspannten sich ihre Gesichtszüge und ich traute mich, ihre alte, faltige Hand mit den dünnen Fingern in meine Hand zu nehmen.
Zum Schluss habe ich sie umarmt. Ihren mageren Körper, der sich ganz weich anfühlte.
Dieses Erlebnis liegt nun schon ein Jahr zurück.
Mir ging sie noch lange nicht aus dem Kopf.
Nicht nur die alte Dame, sondern diese vergessenen Menschen, die nicht viel haben.
Vielleicht ihren Stolz. Vielleicht ihre Scham.
Und keine Kraft, mehr zu verlangen.
Noch heute ärgere ich mich, dass ich nicht fragte, wo sie wohnt. Dass ich nicht etwas von mir selber hergegeben habe.
Aber dieses kleine Geschenk, dieses Weihnachtsgebäck, hat eine andere Bedeutung für mich bekommen: Leb-Kuchen.

Kindergeschenk (W)

Hommage auf Rüdiger Hoffmann

Hallo erstma: Ich weiß ja nicht, ob sie's vielleicht schon wussten – Weihnachten steht wieder draußen und will rein. Aber das ist ja eigentlich immer so‘ n Problem. Auch an Ostern. Oder an andern Feiertagen. Oder an Pfingsten: Was schenkt man den Blagen. Was ich Ihnen da empfehlen könnte – Goldfische. Sind sehr robust – die können Sie auch schon mal Kindern geben. Also wenn die die mal fallen lassen, so 'ne Viertelstunde am Boden rumzappeln – also das stecken die wech.
Gut, ich mein, wenn‘s dann länger wird, dann fangen die schon mal an so‘ n bisschen zu schnappen. Aber sonst – wirklich sehr robust. Wir hamm das selbst schon getestet. Unser Omma ist ja so‘ n bisschen kurzsichtig. Und letzten Silvester hatten wir 'ne Bowle gemacht. Wollt sie dann aufbewahren. Im Kühlschrank. Abends hamm wir dann gesehen – 's war das Goldfischglas gewesen ...
Also acht Stunden bei sieben Grad – überhaupt kein Problem. Bloß, dass die jetzt alle mit dem Bauch nach oben geschwommen sind. Aber sonst – wirklich sehr robust.
Was auch für Kinder gut geeignet ist – Meerschweinchen. Sind sehr pflegeleicht. Wenn die schmuddelig sind – können die Kinder dann auch schon mal in der Maschine waschen. Natürlich nur bei 30 Grad, is' klar. Die sind auch ziemlich trittfest!
Ja, das ist wichtig. Wenn die Kinder die aus dem Käfig lassen und Sie kommen taschenbepackt nach Hause, werden Sie das zu schätzen wissen.

Also wenn die da so rumwuseln. Zwischen ihren Beinen. Treten Sie fast zwangsläufig schon mal drauf. Macht aber nix. Quiekt nur 'n bisschen. Gut, ich mein – wenn sie jetzt natürlich drauffallen ...
So mit den ganzen Taschen. Und mit Anlauf. Also da könnt‘s jetzt natürlich schon sein ... –
Aus dem Fell könn‘ Sie dann aber so Handpuppen basteln. Ist ja eigentlich auch 'n schönes Geschenk ...

Weihnachtsgeschichte (C)

Es war in der Adventszeit, Ende November. Auf der Erde war schon alles weihnachtlich geschmückt. Sterne glänzten in den Fenstern und die bunten Lichter in den geschmückten Gärten leuchteten in der frühen Dunkelheit. Die Menschen waren schon voller Vorfreude auf das Weihnachtsfest. Doch oben im Himmel herrschte ein schreckliches Chaos ...
Das Christkind lag wegen akuter Arbeitsüberlastung der letzten Jahre mit einem Burnout im Himmelbett. Der Weihnachtsmann hatte Altersteilzeit beantragt und wechselte zum 1. Dezember von der aktiven in die passive Phase. Die Rentiere, die mit dem Ausfall des Weihnachtsmannes nicht einverstanden waren, protestierten mit einem Sitzstreik, und die Engel hatten vor lauter Schreck über die chaotische Situation alle Plätzchen anbrennen lassen.
Und überall im Himmel lag unbearbeitet die Post von der Erde: die Wunschzettel der Kinder.
Die schwierige Situation wurde zur Chefsache erklärt und Petrus musste so schnell wie möglich eine Lösung finden. Er beschloss, dass für das Christkind und den Weihnachtsmann so schnell wie möglich Ersatz gefunden werden musste und setzte eine Stellenausschreibung auf, die per Eilmeldung an die Menschen auf der Erde geschickt wurde:
„Personalsuche für den Einsatz im Himmel.
Ab sofort sind die Stellen des Christkindes und des Weihnachtsmannes ausgeschrieben. Ihre Einsatzstellen befinden sich im Himmel und auf der Erde. Sie arbeiten von Oktober bis Ende Dezember im 24-Stunden-Dienst ohne Bezahlung. Ein Flugschein und Erfahrungen im Umgang mit Rentieren sind von Vorteil. Körperlicher Einsatz wie Klettern durch den Kamin und heben schwerer Pakete werden vorausgesetzt.

Bitte richten Sie Ihre Bewerbung bis spätestens 1. Dezember an Petrus persönlich, Himmelspforte 1 auf Wolke 7."

Das Weihnachtsfest rückte immer näher und Petrus lief im Himmel nervös hin und her und öffnete jeden Morgen erwartungsvoll den himmlischen Briefkasten. Doch es ging nicht eine Bewerbung ein.

Das Christkind und der Weihnachtsmann beobachteten die traurige Situation und ganz langsam, immer mehr, überkam sie ein ungutes Gefühl. Was sollte dieses Jahr nur werden? Weihnachten ohne Geschenke, ohne Überraschungen, ohne leuchtende Kinderaugen? Sie spürten, dass sie für die Menschen besonders und unersetzlich waren und beschlossen gemeinsam, ihren Dienst wieder aufzunehmen. Oben im Himmel herrschte große Freude und alle Engel beschlossen, dem Christkind und dem Weihnachtsmann so gut es ging bei der Arbeit zu helfen. In Windeseile wurden Wunschzettel beantwortet, Geschenke verpackt und die Rentierschlitten vorbereitet für den Flug zur Erde. Aber bald zeigte sich, dass die Zeit zu knapp geworden war. Dann plötzlich hatte Petrus eine sozusagen himmlische Eingebung …

Pünktlich am Nachmittag des Vorweihnachtstages lagen fast überall auf der Welt Päckchen mit Weihnachtsgeschenken in Garageneinfahrten, Treppenhäusern, Fluren oder bei den Nachbarn. Und auf jedem prangte eine große Banderole mit der Aufschrift: "amazon prime".

So wurde es nach einem Chaos im Himmel doch noch ein schönes Weihnachtsfest. Allerdings nicht für jeden. Bei den amazon-Mitarbeiterinnen und Auslieferungsfahrern fiel das Fest aus. Wegen der vielen Überstunden.

Knecht Ruprecht 2020 (W)

Von drauß' vom Walde komm' ich her;
Ich muss euch sagen, ich fürchte mich sehr!
Allüberall auf den Nasenspitzen
Sah ich weiße Tuchfetzen blitzen
Und oben vom Regierungschor
Klangen düst're Mahnungen an mein Ohr.
Und wie ich so strolcht durch den finst'ren Ort,
rief eine Stimme: "Keine Maske! Geh' fort!

Knecht Ruprecht!", rief's weiter, "alter Gesell!
Du leugnest Corona, das seh ich sehr schnell!
Drum fangen sie rundum zu rennen an,
Und keine Tür wird dir aufgetan,
Alte und Junge fürchten nun
Du verbreitest das Virus – was ist da zu tun?
Geh' besser nicht weiter, denn es wird auf Erden,
ab sofort ohnehin nie mehr Weihnachten werden!"

Von drauß' von den Straßen komm' ich her;
Ich muss euch sagen, ich fürchte mich sehr!
Nun sprecht, was ich da überall find':
Sind's die Massen oder bin ich's – der hier spinnt?

Altern II (W)

Da steht sie nun, die hohe runde Zahl,
Bläst sich dick auf und macht den Spiegel blind.
Und man erschrickt und denkt:
War‘s nicht vorgestern grad‘ das erste Mal,
Dass dies‘ Gefühl von „Endlich-nicht-mehr-Kind!“
Den Lebenslauf in neue Bahnen hat gelenkt?

War‘s gestern nicht, dass alle Türen offen standen
Und Träume hoch zu einem Himmel flogen,
An dem selbst Nachts noch rosa Wolken zogen
Und Wünsche Berge überwanden?

Die glatte runde Zahl, da steht sie nun, ganz groß,
Um zu verstellen jede Sicht,
Auf gestern, morgen, und sie lässt dich nicht mehr los,
Klagt um vertane Lebenszeit und hält Gericht.

Der Sommer, ist er wirklich schon entfloh'n,
mitsamt dem Herbst, mit ruhigem leisem Schritte?
Bleibt wirklich nichts, als nur des Winters kurze kalte Zeit?
Du fragst und siehst von ferne einen Schatten droh'n –
Die hohe Zahl steht schweigsam in der blinden Spiegelmitte:
Sie weiß, dein Weg ist kurz, und nicht mehr weit.

Die Uhr (G)

Du bist nicht wiedergekommen. Einfach weggeblieben. Ohne ein weiteres Wort.
Wir standen in deiner Wohnung. Mit deiner Reisetasche. Mit den restlichen Sachen. Aus dem Esszimmer erklang das Spiel deiner Uhr. Ein merkwürdiges Gefühl. Merkwürdig verloren und bedrückend.
Du selber würdest die Wohnung nie mehr betreten, und doch standen alle deine Möbel an ihrem, von dir gewählten Platz. Alle deine Bilder, deine Dekoration, deine Puppen. Alles war wie immer. Es war so, als wenn du gleich durch die Türe kommen würdest.
Du würdest Kaffee kochen, Tassen auf den Tisch stellen und Kekse dazu.
Plötzlicher Herztod hieß es. Nicht hier, in deiner Wohnung. Bei deiner Schwester, an deinem Urlaubsort. Es ging schnell. So, wie du dir das immer gewünscht hast.
Ich stellte den Kaffee an. Die Tassen auf den Tisch. Kekse brauchte niemand.
Das hier war deine Wohnung. War dein Leben. War das, was übrig geblieben war.
Es fiel nichts in mir. Es war unwirklich. Nicht glaubhaft.
Noch vor einer Woche, hatte ich mich immer zu dir umgedreht, gewunken. Dein Abreisetag, ein Samstag.
Wir waren spät bei dir. Tausend andere Dinge, die wir erledigt hatten. Keine Zeit. Nur noch einmal kurz zu dir. Schnell einen Kaffee getrunken. Mit dir geredet. Und eilig weiter. Die Zeit lief. Sie lief, und ich wusste noch nicht, dass sie abgelaufen war.
Im Nachhinein kam es mir so vor, als durchlebte ich einen Tag wie bei dem Stück „Unsere kleine Stadt“ von Thornton Wilder.
Du nimmst nicht wirklich etwas wahr. Du siehst nicht hin. Du lebst zu schnell.

Und jetzt war es passiert.
Da könnte ich sagen: „Ich liebe dich". Aber ich würde es in die Leere sagen.
Das Hier und Jetzt entschied ich nicht alleine. Und ob ich wollte, oder nicht, musste ich die Wohnung mit ausräumen.
Alles das, was von einem Menschen übrig blieb.
Es wurde aufgeteilt, mitgenommen. Ich stritt mich um nichts, mir war es egal, weil ich das furchtbar gefunden hätte.
Möbel wurden verkauft. Der Rest kam in einen Container.
Leben aufgelöst.
Und während deine Wohnung immer leerer wurde, hing sie im Esszimmer an der Wand. Deine Uhr. Das hässlichste Teil, was ich je gesehen hatte.
Oval, eine Tiefe von mehreren Zentimetern. Irgendwie Silber und Gold. Ein pendelndes Spiel in der Uhr. Zu jeder Stunde gab sie eine Melodie wieder.
Ich weiß noch, dass wir uns immer erschraken, wenn die Musik begann, und du dich darüber köstlich amüsiert hast.
Du liebtest deine Uhr. Für dich war sie schön.
Niemand wollte sie haben. Sie hing, tickte, spielte. Es gab fast keine Möbel mehr in der Wohnung.
An einem jener Tage habe ich sie abgenommen. Und nahm sie mit nach Hause.
Inzwischen ist viel Zeit vergangen. Vieles hat sich in meinem Leben verändert.
Aber deine Uhr habe ich noch. Das Spielwerk stellte ich ab. Doch ich hängte sie bei mir ins Schlafzimmer.
Ich sehe sie jeden Tag. Diese hässliche Uhr. Die du geliebt hast. Und elf Jahre nach deinem Tod geht sie noch immer. Die Zeiger bewegen sich gleichmäßig.
Als wenn dein Herz weiter schlagen würde. Ich liebe diese Uhr.

der letzte karneval (W)

für G. W. (+)

maskenspiel
und mummenschanz
ist angesagt
schminken wir uns
noch einmal
als wäre nichts
gewesen
in unseren gesichtern
die strafenden lügen
zu
gedeckt mit glitzerglimmer
von der stange
die kostüme
fadenscheinig
flatternde gewänder
getragen
als bunte ausreden
um zu entkommen
den unverschleierten wahrheiten
unseres spiegelbildes

maskenspiel
und mummenschanz
ist angesagt
streuen wir uns
worthülsenkonfetti
in die augen
gegenseitig
bis wir das kalte
nicht mehr erkennen
wenn es schon knirscht
tanzen wir weiter
feiern
den letzten karneval
an deck
der titanic

Apokalypse (C)

Es war der 13. August im Jahre 2170, als er am frühen Vormittag an seinem Computer saß. Früher, vor vielen Jahren, wäre er vielleicht ein bekannter Autor gewesen, doch heute war er trotz seiner schriftstellerischen Fähigkeiten ein Niemand. Seit fast siebzig Jahren gab es keine Bücher mehr; kein Mensch interessierte sich für derart Unmodernes.

Es war noch keine sechs Uhr, doch sein Verstand war hellwach.

Mit dem heutigen Tage, so spürte er, würde das Leben, das die Menschen sich so stolz erbaut hatten, eine Änderung erfahren. Doch wie? Er blickte nach draußen ...

Früher, so hieß es, soll es Vogelgezwitscher gegeben haben, so laut und so schön, dass man zu dieser Zeit davon erwachte. Und die Sonne soll schon in den Morgenstunden durch das Fenster geschaut haben. Früher zu dieser Jahreszeit soll es sehr warm gewesen sein. „Hochsommer" hatte man es genannt, und die Sonne habe den Menschen Sommersprossen und braune Farbe auf die Körper gezaubert. Dies alles kannte er aus Erzählungen, denn heute war alles anders. Der Mensch mit seinem egoistischen Streben nach Fortschritt und Materialismus war nun Herr aller Dinge.

Wozu brauchte man Tiere? Als sie so nach und nach ausstarben in einer erkrankten Umwelt, war der Mensch gar nicht traurig, denn nun kam seine große Stunde. Der Mensch schuf das Computertier. Wie unendlich genial war diese Erfindung! Computervögel schossen durch die Lüfte, und der Mensch sah seinem Schaffen selbstgefällig zu.

Bäume? Lange bevor der Wald ausstarb konstruierte der Mensch Computerbäume. Welch sagenhafte Errungenschaft! Endlich nahmen die Pflanzen nicht mehr so viel Platz in Anspruch, den der Mensch doch viel besser nutzen konnte.
Wozu Wind? Riesige Maschinen produzierten künstliche Luft und waren je nach Bedarf einstellbar. Künstliches Wasser, künstliche Nahrung...
Was gab es größeres, als Herr aller Dinge zu sein!
Früher, so hieß es, habe es Krankenschwestern und Ärzte gegeben, die die Menschen pflegten und gesunden ließen. Heute war eine derartige Verschwendung von Zeit nicht mehr möglich. Wer erkrankte, durchlief auf einem Fließband mehrere Computerstationen und wurde entsprechend operiert oder bekam durch eine stählerne Hand Medikamente verabreicht.
Eine faszinierende Erfindung, und doch wurden die Menschen kränker und kränker. Niemand konnte sich dies erklären, denn die fließbandartige Wiederherstellung des Menschen war doch so perfekt durchdacht. Was hatte man nur vergessen?
Früher, so hieß es, konnte man von der Erde aus Sonne und Mond erblicken. Heute war die Erde von einer stählernen Kuppel umgeben, und Tag und Nacht wurden maschinell, exakt nach dem elektronischen Jahreszeitenkalender, eingestellt.
Früher, so dachte er, und sein Blick folgte den entweichenden Abgasen eines künstlichen Vogels, früher sollen die Kinder miteinander gespielt haben. Unvorstellbar, was sie gespielt haben könnten, wo doch heute jedes Kind so viele Computer zum Freund haben konnte, wie es wollte. Wie haben die Kinder nur gespielt?

Seine Gedanken überschlugen sich, und eine längst vergessene Sehnsucht stieg in ihm hoch, die all den Stolz der Menschen zu Trümmern wünschte.
Plötzlich wurde es ganz still auf der Erde und dunkel. Sämtliche Maschinen fielen aus. Die mechanischen Vögel stürzten vom Himmel, künstliche Bäume knickten zu Boden.
Mit einem gewaltigen Knall öffnete sich die künstliche Kuppel der Erde, und ein unbegreiflich strahlendes Blau schlug ihm von hoch oben, aus der immer größer werdenden Öffnung, entgegen. Seine Augen wurden geblendet und schmerzten. Bald schon wurde es wieder ruhig. Unbekannte Stille umgab ihn jetzt, dass es ihn ängstigte, und voller Erstaunen sah er dem glitzernden Blau dort oben Engel entsteigen. Große weiße Flügel trugen sie, und aus ihren Augen schoss Wasser wie mächtige Tränenströme. Kopfschüttelnd blickten sie hinab auf die Gier des Menschen, und das Wasser floss stärker und stärker. Und es stieg und stieg auf der Erde, und trug in gewaltigen Strömen den Stolz der Menschen fort.
Sieben Tage Nächte dauerte diese Flut. Mit jedem Tag mehr der verging schien es, als schwebten immer deutlicher seufzende Töne der Erleichterung aus dem Rauschen des Wassers empor.
Am Ende des siebten Tages war es wieder ruhig auf der Erde. Sonnenstrahlen glitten über die wogende Oberfläche des Wassers und breiteten einen goldenen Teppich aus. Hin und wieder noch sah man Betonstücke, die an die Existenz von Menschen erinnerten.
Und an einer Stelle, in zartem hellen Grün, brach durch den Beton ein Grashalm.

V *Prosa last & least*

© Nicole Klementz

Abreise (A)

Habe mich hier lange genug rumgetrieben, um zu sehen was Sache ist.
Es ist jetzt an der Zeit, die Zelte abzubrechen und neue Wege zu erforschen.
Als ich am Morgen unseren Zug zum Mittelpunkt des Urtales bestieg, war ich voller Zuversicht. Doch kurz vor dem Ziel verdampfte die letzte Kohle. Der Zugführer hatte offenbar zu wenig Koks geordert. Ich machte einen letzten Zug an meiner Zigarette und drückte sie aus. Wir sind auf unserer Reise also zum Stillstand gekommen. Aber was soll's, gehen wir halt zu Fuß weiter. Spielt jetzt wohl auch keine Rolle mehr.
Wir steigen aus dem Zug. Sind schon ziemlich weit drin, in diesem Tunnel. Auf geht´s. Der Ohnezugführer kennt eine Abkürzung durch den Berg, das Gepäck würde später nachgeliefert. Wir haben von ihm Taschenlampen bekommen, sie zu Handlampen umgewidmet und erleuchten lassen. Wir schuhen los, einige stiefeln auch. Nach knapp 300 Minuten stehen wir endlich am Eingang einer tiefen Höhle. Ich hab die Nase gestrichen voll und benutze erst mal mein Taschentuch, um mir den Schweiß von der Stirne zu wischen. Einige der Mitlaufenden nerven. Ich trete, um mich abzureagieren, vor einen Berliner. Er schreit auf und fällt um. Ist wohl schon etwas matschig auf den Beinen. Dieses Spritzgebäck erhebt sich wieder und schaut mich wütend an. Der hat wohl Marmelade im Hirn. Ich knurre. Seine Wutmiene weicht erschrocken auf. Er sagt nichts, dreht sich um und macht sich aus dem Staub, der hier reichlich vorhanden ist.
Von nun an geht´s bergab. Schade, dass es hier keinen Abzug gibt. Es vergeht Stunde um Stunde und je tiefer wir vordringen, desto heißer wird es. So eine Schwitztour hatte ich mir eigentlich nicht vorgestellt.

Wir bekommen Senge, von der Hitze, haben den Mittelpunkt aber noch lange nicht erreicht. Ein Backhörnchen kommt gerade Recht, um meinen Hunger zu stillen. Ein Feuersalamander schaut mich verächtlich an. Aha, denke ich, du willst uns wohl zusätzlich einheizen. Ich erschlag ihn kurzerhand. Ein Eisbär wäre jetzt nicht übel. Die Suppe läuft mir jedoch weiterhin in Strömen am Leib herab, ich mag sie aber nicht auslöffeln und schreie den Ohnezugführer an, er solle gefälligst einen Klimawandel herbeiführen.
Aber er hat anscheinend auch die mobile Klimaanlage vergessen, dieser Möchtegernkokser. Er behauptet, es wäre hier noch nie so heiß gewesen. Jaja. Ich fühle mich mittlerweile selbst wie ein Heizkörper. Höre ein Knacken von oben und schaue hoch. Ein Stalaktit stürzt ab, bohrt sich in mein linkes Auge und bricht darin ab. Verdammt, das hat mir gerade noch gefehlt, jetzt sehe ich bestimmt ziemlich beschissen aus. Aber Gott sei Dank bin wenigstens Rechtsäuger. Ich ziehe das Stück also wieder heraus und stopfe meine Augenhöhle mit einem Weinkorken, den ich noch vom letzten Abendmahl in der Tasche hatte. Die Frau hinter mir kreischt wie eine angestochene Sau. Ich drehe mich um, knall ihr eine und bedeute ihr, ruhig zu sein. Sie tut, wie ihr geheißen. Der Weg schlängelt sich immer weiter, an den für uns durchlauferhitzenden Felswänden entlang, in die Tiefe. Links von uns weicht die Wand nunmehr einem tiefen Spalt. Prompt rutscht mein Vordermann weg, krallt sich im letzten Moment noch an seinem Vordermann fest und zieht ihn mit sich in die Tiefe. Faules Pack, nimmt einfach den schnellsten Weg. Hinter mir kreischt die Frau schon wieder, das geht mir jetzt aber mächtig auf den Zeiger, ich stoße sie hinterher. Die anderen schauen mich ängstlich an. Ich zeige Ihnen den Mittelfinger. Muss ich der Frau wohl aus Versehen von der Hand gerissen haben.

Ich stecke ihn ein. Man weiß ja nie, wofür man ihn noch mal gebrauchen kann.
Ich muss mich etwas sputen, um den Anschluss nicht zu verpassen.
Jetzt bin ich wohl doch etwas zu schnell. Auf alle Fälle pralle ich, nach einer Biegung, direkt auf einen dicken Bartträger, der mich Gott sei Dank abbremst. Er selbst allerdings nimmt den Anstoß nicht nur wahr, sondern verliert durch ihn auch sein Gleichgewicht. Schon mal was vom Dominoeffekt gehört? Sieht schon lustig aus. Dadurch spalten sich jetzt auch ein paar Leute von der Gruppe ab und stürzen ebenfalls in die Tiefe. Nur der Ohnezugführer hat es geschafft aufrecht stehen zu bleiben. Ich trete über einige Liegende hinweg. Eine ältere Frau jammert und blutet aus dem linken Nasenloch. Ich helfe ihr, nehme den Finger aus der Tasche und stoppe damit ihre Blutung. Die Frau sieht damit jetzt zwar echt scheiße aus, aber ich will ja auch nichts von ihr.
Ich schließe zum Ohnezugführer, der vor einer Höhlengabelung steht auf, und frage ihn, wann es endlich weiter geht. Geradeaus, also hinter ihm, ist eine schwere Holztür zu sehen. Der Ohnezugführer guckt mich völlig entgeistert an. Seine Gesichtszüge scheinen zu entgleisen. Schließlich stottert er etwas von rechtem Weg oder so ähnlich, wir müssten jetzt rechts in den kleineren Gang. Tja, ist vielleicht deine Richtung, aber leider nicht meine, sage ich und weil er mir im Weg steht, schmeiße ich ihn kurzerhand auch in den Abgrund. Die Tür ist verschlossen. Ich hebe einen liegengebliebenen Rammstein hoch und breche mit ihm die Tür auf. Dann werfe ich ihn ebenfalls hinunter. Meine Reise führt mich weiter in die Tiefe und langsam verblassen die Stimmen und Schreie der Anderen.

Wahrscheinlich haben sie kalte Füße bekommen oder passender gesagt, ihnen ist die Sache hier zu heiß geworden und sie sind umgekehrt. Vielleicht haben sie aber auch jetzt den rechten Pfad eingeschlagen, egal. Ich stoße auf eine Treppe, scheint ab hier noch ein schöner Abstieg zu werden. Ich strebe immer tiefer. Es riecht auf einmal nach verbranntem Fleisch. Ich schau an mir herab. Meine Außenhülle brutzelt ein wenig vor sich hin und ich bekomme wieder Hunger.

Egal, kann jetzt nicht mehr weit sein. Es geht immer weiter abwärts mit mir.

Doch mit einem Mal wird es wird tatsächlich wieder angenehmer, die Temperatur mäßigt sich und damit auch meine Laune. Vielleicht habe ich mich auch nur inzwischen akklimatisiert. Ich höre Rauschen. Die Treppe endet direkt neben dem Felsspalt. Linker Hand liegen ein paar Menschen übereinander, scheinbar alle hinüber. Nur der Ohnezugführer bewegt sich noch, liegt seltsam verrenkt an der Seite des Menschenhaufens und röchelt „Hilfe“. Ich antworte ihm, es wäre zwar sehr nett gemeint, aber jetzt bräuchte ich seine Hilfe nicht mehr, fände den Rest des Weges nun auch so. Ich setze mich wieder in Bewegung in Richtung des Rauschens. Tageslicht flimmert unversehens um eine Ecke. Vermutlich eine Höhlensonne. Die Luft wird nun richtig angenehm. Eine weitere Biegung – ein Ausgang. Ich gehe hin und stehe am Rande des Urtales. Meine brennenden Füße tragen mich weiter und schließlich liegt vor mir ein wunderschöner, glasierter Strand. Ich begebe mich weiter vor. Die Luft hier ist zwar ein wenig ätzend, aber was will man erwarten. Der Lavasee tätschelt seine roten Wellen seicht um meine Füße. Die Füße brannten ja eh, ist jetzt also auch egal.

Ich bin ziemlich geschafft, aber auch am Ziel. Auf der gegenüberliegenden Seite, in einer separaten Klimazone, sehe ich den kleinen Bahnhof und das Hotel. Der Zug hätte noch eine Riesenschleife gedreht, um zu diesem tiefgelegenen Bahnhof zu kommen. Aber es interessiert mich auch nicht wirklich. War deren Ziel, nicht meins. Ich sehe mich um und finde schließlich den Hebel, der seitlich aus einer massiven Felsenstele ragt.
Ich gehe darauf zu, was mittlerweile ein ziemlicher Knochenjob ist und bleibe vor der Stele stehen. Dann fasse ich den dort installierten Hebel mit beiden Händen und denke noch mal kurz darüber nach, ob ich es wirklich machen soll. Aber schließlich hatte ich mich zu diesem Zweck auf den Weg gemacht. Ich ziehe den Hebel nach unten, wo die Symbole stehen, für die Experten Jahrzehnte brauchten, um sie zu übersetzen. Ich hätte es ihnen auch so sagen können, aber warum sollte ich? Es bedeutet so viel wie:
"Schöpfung - Neustart"!

Anfang (A)

"Papa, sag mal, wie sind die Menschen entstanden?“ fragte der kleine Sprössling. Sein Vater entgegnete barsch: “Ich hab jetzt keine Zeit.“ Seine Frau schaute ihn unverwandt an: „Mein lieber Göttergatte, nun will der Junge schon mal was von Dir wissen, jetzt erklär‘s ihm auch und fress ihn nicht gleich auf! Ich geh jetzt im Übrigen einiges einholen, dann habt ihr genug Zeit euch darüber zu unterhalten.“

„Okay, okay – komm her mein Junge – also, am Anfang war das Nichts, nur Gott schwebte so umher und grübelte und eines Tages sagte er sich, *Mensch Gott, mach doch mal was Anderes,* und so pulte er sich all den Dreck aus den Ohren, der sich im Laufe der Zeit dort angesammelt hatte und knetete daraus die Erde. Da es aber ziemlich düster war und er dementsprechend nicht viel erkennen konnte, stach er ein paar Löcher ins Nichts und so entstanden die Lichtpunkte am Himmel, die du nachts sehen kannst. Aber es war immer noch zu dunkel und so nahm er einen großen Abfallklumpen und zündete ihn an – die Sonne. Endlich konnte er anfangen an der Erde rumzubasteln. Gerade als er Berge und Täler gebaut hatte, musste er auf einmal gaaanz dringend und da er nicht schnell genug wegkam, flogen auch ein paar Tropfen auf den Dreckklumpen und so entstanden die Meere. Nachdem Gott diesen >Zufall< akzeptiert hatte, dachte er sich, es fehlt ein wenig Farbe an dem Knödel. Er schnitt sich ein paar Haare ab und bepflanzte die Welt, an den Stellen, an denen das Land noch aus dem >Wasser< ragte. Aber irgendwie war dort zu wenig los und Gott dachte sich, *Hm – Ich glaub ich werde mal ein Lebewesen integrieren*, pflückte sich eins seiner Gene und schnitzte einen Einzeller, dem er die Fähigkeit gab, sich selbst, aber auch mit anderen zu teilen.

Naja, nach und nach entwickelten sich allerhand Tiere, die allmählich die Erde bevölkerten.“

Der Junge schaute ungläubig: „Was ist mit dem Mond?"
„Nun ja", antwortete der Vater „Gott wollte ja nicht ständig daneben schweben, denn er hatte ja auch noch andere Dinge zu tun und so bastelte er aus dem großen Saharaberg noch den Mond. Der Mond ist also nichts anderes als eine Kamera, die immer um die Erde kreist und ihm an jedem Ort des Alls die Vorgänge auf der Erde überträgt."
„Aber es gibt doch gar keinen Saharaberg", widerlegte das Kind, es war ein aufgewecktes Kind.
„Ja eben, heute nicht mehr."
Der Junge schaute etwas ungläubig.
„Aber auch wenn das alles so war, aber wie sind denn nun die Menschen entstanden?"
Der Vater nahm seinen Sohn in den Arm und erwiderte: „Nun ja, die Tiere entwickelten sich nur langsam und nicht in die Richtung, die er sich eigentlich vorgestellt hatte. Und so nahm Gott abermals eins seiner eigenen Gene, manipulierte es ein wenig, indem er die göttlichen Fähigkeiten herausschnitt und züchtete quasi daraus den Adam."
„Und weiter?"
„Als Adam wieder mal im Paradies umherwandelte, sagte er plötzlich zu Gott, *Gott mach was, mir ist langweilig,* und Gott nahm sich seines Wunsches an und überlegte sieben Tage und Nächte. Schließlich hatte er eine Lösung gefunden.
Er sagte Adam *Dann musst du mir etwas von deinem Körper zur Verfügung stellen, am besten das kleine Stückchen Haut, was da unten so unnütz rumschlabbert und dich sowieso nur beim Wasser lassen stört.*
Also opferte Adam Gott das kleine Stückchen Haut – und Gott erschuf den Fußball.
Übrigens wird bei vielen Menschen auf dieser Welt das Stückchen Haut auch heute noch geopfert.
Wie dem auch sei, Adam sah auf jeden Fall den Fußball und war hell auf begeistert.

Aber auf einmal runzelte er die Stirn und sprach *Gott, mit wem soll ich denn Fußballspielen?*
Tja, mein Kind, daran hatte selbst Gott nicht gedacht und so musste er sich herabbemühen und mit Adam Fußballspielen.
Nach einigen Tagen jedoch hatte Gott zum einen keine Lust mehr und zum anderen musste er sich schließlich auch mal wieder um seinen Job kümmern und er sprach also zu Adam: *Gib mir mal ´ne Rippe, ich werde Dir einen Klon bauen.*
Erst moserte Adam zwar, ließ sich dann aber zähneknirschend darauf ein. Doch plötzlich kam ihm ein Gedanke *Gott, jetzt mal ganz ehrlich, ohne Scheiß. Ein Klon würde doch genauso agieren wie ich, das ist doch öde oder findest du nicht?* Da musste Gott dem Adam abermals recht geben. Also nahm er die Rippe, manipulierte wieder ein wenig an den Genen und erschuf Eva, was so viel hieß wie *Erste Verdoppelung Adams*. Er sah Adam so ähnlich, wie ein Ei dem anderen, hatte aber ein ganz anderes Wesen – und wie sich herausstellte – überhaupt kein Interesse an Fußball. Und es dauerte gar nicht lange und beide fingen an zu meckern: Adam: *Keiner spielt mit mir Fußball, was ist das nur für ein Scheißleben* und Eva: *Du beschäftigst Dich überhaupt nicht mit mir und Adam denkt immer nur an Fußball.*
Da wurde es Gott zu bunt, er nahm Adam den Fußball weg, schnitt ihn in zwei Hälften, montierte sie an Eva an und erschuf damit quasi die erste Frau.
Und so wurden alle glücklich und lebten in Frieden."
Der Kleine runzelte die Stirn: „Aber eine Frau hat doch keinen Pippimann?!"
„Jaa, das stimmt, aber das hatte Adam kaputt gemacht und deshalb gibt es heute auch so viele Menschen auf der Erde.
So, und nun ab ins Bett, mein kleiner Zeus."

Hermann (G)

Hermann lehnte am Fenster und blickte hinaus auf die schmutzignassen Novemberstraßen. Doch heute sah er nicht das Triste, sah nicht die Spärlichkeit seiner kleinen Wohnung, in der nichts weiter stand, als die nötigsten Möbel. Alt und verschlissen. Ärmlich. Nirgendwo befand sich etwas Persönliches. Nicht einmal ein Bild.
Heute aber war ein Tag, indem ihn eine Art Wärme durchzog. Vielleicht sogar annähernd ein Glücksgefühl.
Er trug einen abgetragenen, dunklen Anzug. Dazu unmoderne, schwarze Schuhe. Aber so auf Glanz poliert, dass sie einen eigenartigen Kontrast zu den anderen Kleidungsstücken bildeten.
Hermann war dünn, beinahe schmächtig, von kleiner Statur, und sein schütteres Haar hatte er ordentlich in Form gekämmt.
Die schlanke Gestalt hatte er von seiner Mutter geerbt, die zierlich wie ein Püppchen war. Vater dagegen war grobknochig, groß und wuchtig. Er erhob gerne cholerisch seine Stimme. Auch seine Fäuste.
Hermann blieb dabei so still wie seine Mutter. Ließ den ganzen Schmerz über sich ergehen. Nicht, weil er ein tapferes, kleines Kind war, sondern einfach nur aus Angst. Angst die ihn lähmte.
Nur, seit den ersten, brutalen Schlägen, nässte er sein Bett wieder ein. Hilflos dagegen anzugehen, floss die ganze Qual. Mutter sagte nichts. Schweigend wechselte sie Tag für Tag die Laken, und verbarg das nicht enden wollende Elend.
Hermann verließ früh sein Elternhaus, und begann eine Lehre, die er nicht abschloss. Zu schwächlich war er. Zu kränklich. Und obwohl er nicht dumm war, brachte er im Leben nichts zustande.

Druck, war er noch so gering, hielt Hermann nicht aus. Jedes Mal reagierte er mit körperlichen Symptomen darauf. Was er auch versuchte, er blieb bewegungslos. Eine Beziehung, wenn es denn eine Frau gegeben hätte, die sich für ihn interessierte, wäre er nicht eingegangen. Zuviel Nähe war ihm suspekt. Sicher stellte er sich manchmal vor, wie es wohl wäre, nicht alleine zu sein. Mit jemandem reden zu können. Jedoch hatte er sich mit der Zeit an die Einsamkeit gewöhnt.

Eines Tages hatte ihn die Nachricht erreicht, dass sein Vater schwer erkrankt sei, doch er reagierte mit keinem Wort.

Aber nicht der Vater starb, sondern seine Mutter.

Es waren nur wenige Trauernde, und Hermann setzte sich in der Kapelle auf einen der letzten Stühle. Von Bescheidenheit sprach der Pfarrer. Von Pflichtgefühl und Familiensinn. Dabei war seine Mutter nur hilf- und hoffnungslos gewesen.

Sein Vater saß in einem Rollstuhl. Nicht aufrecht, sondern leicht geneigt, als wenn seine Muskeln ihn nicht mehr halten wollten. Und als der Sarg zu Grabe getragen wurde, weinte er wie ein Kind. In seinen kleinen, dunklen Augen lag Not. Der Mund war leicht geöffnet, und wie es schien, hingen die Mundwinkel schief. Mit jedem Schluchzen bebte der Körper.

Da passierte es Hermann das erste Mal. Durch seine Adern strömte es wie Glut. Eine Art Freude ergriff ihn. Ein ungeheures Wohlgefühl. Wie ein Rausch.

Er ergötzte sich nahezu am Leid seines Vaters.

Als er an ihm vorüberging, um Erde auf den Sarg seiner Mutter zu werfen, übersah er die stumm geformten Worte und die zitternd ausgestreckte Hand, auf die er hätte spucken mögen.

Hermann verließ den Friedhof und ging in sein karges Heim. Die Freude hielt ihn eine ganze Weile gefangen. Tags darauf befand er sich noch immer wie im Fieber. Der Gedanke an dieses unbeschreibliche Gefühl ließ ihn nicht los. Und erst vage, dann immer genauer, reifte in ihm ein Plan.
Bei dem Besuch seiner ersten, fremden Beerdigung war er noch unsicher. Hielt sich ganz im Hintergrund, und verließ sofort den Friedhof, als die Trauergemeinde anfing das Grab zu verlassen.
Aber Hermann erlebte noch die Tränen, den Kummer der Hinterbliebenen. Und in einem Ausmaß, das er nicht zu beschreiben wusste, erfasste ihn erneut diese irrwitzige Freude und das Feuer. Wie ein Lavastrom.
Von da an präzisierte er sein Vorgehen. Führte akribisch genau Tagebuch über jede Beerdigung.
Er vermied den Besuch, wenn es um Kinder und Frauen ging. Bestimmt hätte er daran die noch größere Freude, doch hielt er es für klüger nur den Bestattungen von Männern beizuwohnen.
Mit der Zeit wurde er immer mutiger. Zwar suchte er sich stets einen der hinteren Plätze, doch inzwischen kondolierte er auch. Und je nach gewählten Worten, brachte dies einen erneuten Strom an Tränen zu Tage. Selbst zum anschließenden Kaffee ging er später mit. Hermann wurde nicht beachtet. Sein Aussehen, seine Haltung waren völlig unauffällig. Diese Eigenschaften hatte er als Kind erlernt. Lernen müssen.
Wenn er sprach, sprach er leise und bedächtig. Seine Körperhaltung war bescheiden. Seine Bewegungen, nie schnell. Seine Sprache klang immer gepflegt.
Das, was er über den Toten wissen musste, um eine Frage zu beantworten, hörte er durch die Predigt vom Pfarrer. Und selbst wenn der Tote nicht so gewesen war, niemand widersprach einem guten Gedenken.

Beim Kaffeetrinken, manchmal gab es auch ein vorzügliches Essen, lernte er noch eine andere Seite der Trauernden kennen. Sie lachten. Nach dem nötigen Respekt gegenüber dem Toten, fanden sich meist weitgereiste Verwandte in längst vergangenen Anekdoten früherer Tage wieder.
Das Lachen war neu für Hermann. Doch dieser kurze Zeitrahmen zwischen Weinen und Lachen bildete einen besonderen Reiz für ihn.
Manchmal, wenn Hermann wieder zu Hause war, überkam ihn so etwas wie Scham. Aber die Lust an dem Leid anderer, war wie eine Explosion in seinem Körper. Nie hatte er so starke Empfindungen gehabt.
Dafür reiste er inzwischen auch in andere Städte. Ging angemessenen Schrittes über die Friedhöfe. Suchte den Ort der Kapelle. Suchte ausgehobene Grabstellen. Er war ein Meister geworden.
Als er seinen Vater beerdigen musste, stand er alleine vor dessen Grab. Es gab keinen Pfarrer. Keine Trauergemeinde. Hermann selbst hatte keine Karten verschickt. Die letzte Ehre für seinen Vater wäre zu viel gewesen.
Er brachte es nicht fertig, auf den herabgelassenen, schmucklosen Sarg Erde zu streuen. Hielt seine Hände zu Fäusten geballt in seinen Jackentaschen. Und ein unbändiger Zorn stieg in Hermann hoch. Ein solcher Zorn, der ihn fast niederdrückte.
Niemand, niemand war da der weinte.

Haarausfall (A)

Wieder einmal stand der zehnjährige Harald vor seinem Vater. Dieser saß am Schreibtisch und arbeitete. Harald setzte seine Artigmiene auf.
„Du Papa“
„Ja“?
„Du Papa - gibst Du mir ein paar Euro, ich will mit Eberhard ins Kino?“
Richard ließ von seiner Arbeit ab, schaute seinen Sohn nachdenklich an und meinte dann mit ernster Miene:
„Harry – Du hast doch gerade erst Taschengeld bekommen. Wenn Du jetzt nichts mehr hast, bist du selbst Schuld!“
Er wandte sich ab und widmete sich wieder seinen Tätigkeiten.
„Na gut.“ erwiderte Harald und zog einen Flunsch. Nachdenklich drehte mit seinem rechten Zeigefinger in den Haaren. Das tat er immer, wenn er irgendwas ausbrütete. Nach einer kurzen Pause fragte er dann:
„Du Papa.“
„Ja?“ Sein Vater wandte sich ihm wieder zu.
„Du Papa, darf ich dich mal was fragen?“
„Ja.“
„Du Papa, wo kommen eigentlich Haare her?“
„Wie bitte?“ fragte Richard verblüfft.
„Wo kommen die Haare her?“
„Hm – die Haare“, wiederholte sein Vater grübelnd. „Ja“, setzte der Junge nach „Du bist doch ein Haarstylist, Du musst das doch wissen.“
Irritiert schaute der Haarkünstler ihn an und sagte dann schließlich:
„Naja, aber ich style ja nur die Haare.“
„Also weißt Du nicht wo die Haare herkommen?“ „Öhh, doch, sicher – Haare – Haare wachsen einfach aus dem Körper.“

„Auch aus den Ohren?“
„Auch aus den Ohren!“
„Und aus der Nase?“
„Ja, und auch aus der Nase können Haare wachsen!“
„Und was sind Schamhaare?“
„Was?“, wie erstarrt blickte Richard ihn an.
„Schamhaare!“, wiederholte Junior unbekümmert.
Die Gesichtsfarbe des Seniors wechselte ins Rötliche.
Einem plötzlichen Einfall folgend entgegnete er dann:
„Öh – äh – Du meinst Schamane, ähm das ist eine Art Zauberer bei den Naturvölkern.“
In diesem Moment schaltete sich seine Frau ein:
„Richard, erzähl doch dem Kind nicht wieder so haarsträubende Geschichten.“
Der Angesprochene räusperte sich kurz, überlegte einen Moment und antwortete unsicher:
„Ähm, na gut, ähm äh, also Harry, pass auf, immer wenn man sich schämt, färbt sich ein Haar rot und dass sind dann die Schamhaare – also, wenn du Menschen mit roten Haaren siehst ...“
Seine Frau schaute unverwandt zu ihm rüber und fuhr ihn an:
„Das ist doch völliger Quatsch, ja geradezu an den Haaren herbeigezogen.“
„Ach ja, Du kannst das natürlich besser – bitte dann mach's doch, da bin ich aber mal gespannt.“
„Sag mal, fängst Du jetzt wieder an zu spinnen?“
„Ach ja, jetzt wirst Du wieder ausfallend.“
„Aber bestimmt nicht so ausfallend wie Deine Haare.“
Und gerade als die verbalen Tiefschläge ins gefährliche Stadium abzurutschen drohten, fing Harry an zu schluchzen, schließlich schrie er heulend:
„Jetzt streitet ihr wieder wegen mir.“
Seine Mutter reagierte sofort:

„Ach was, mein Junge, nun heul doch nicht. Ist doch nur eine Bagatelle, komm, hier hast Du zwanzig Euro, geh schön mit Eberhard ins Kino – aber zieh Dir eine Jacke an!“
Zögernd nahm der Junge das Geld. Er holte tief Luft, beruhigte sich scheinbar wieder etwas und ging seine Jacke holen.
Als er in seinem Zimmer war, nahm er sein Handy aus der Tasche und rief direkt seinen Freund an.
„Hi Eberhard, Du ich komm gleich, meine Alten haben sich gerade wieder in die Haare gekriegt. Die sind total verklemmt, ich weiß gar nicht wie die mich gemacht haben, wahrscheinlich im Dunkeln und durch Zufall hähä.
Ja, ja, die ganze Palette. Nächstes Mal?“
Harald grinste: „Nächstes Mal frag ich nach Lippen ...“

Beckett und die Saunanacktheit (W)

Was macht man (und Frau) eigentlich so am Hochzeitstag? Ich weiß es nicht – wir jedenfalls gingen an unserem letzten in die Sauna. Natürlich betraten wir sie nackt, als Angehörige der Alt-68er-Generation. In der Sauna *ist* man nackt. Zumindest war da so, in den letzten gefühlt 100 Jahren – also eben seit 1968ff. Und so stand es selbstverständlich auch in den diversen Saunaaushängen in diesem Etablissement nachzulesen.
Die sehr große Sauna war halbleer. Etwa zwei Dutzend nackter Männer und mit der Herrin des Hauses noch drei weitere Frauen. Eine davon, mit leicht abgedunkeltem Teint, zeigte sich – nein, das genau tat sie eben nicht: sie war vielmehr eingewickelt. Bis hoch zum Hals, in ein großes buntes Badetuch. Sozusagen die einzige Angezogene, unter lauter Nackten. Unangenehm, das. Irgendwie jedenfalls. Für die Unbekleideten. Oder waren sie die Unangenehmen für die Ganzkörper verhüllte Dame? Vielleicht gab es gar neue Sauna-Bekleidungsvorschriften, seit unserem letzten Besuch? Wir tuschelten uns ratlos an.
"Bitte Ruhe!", wies uns die soeben erschienene Aufguss-Beauftragte freundlich aber bestimmt zurecht: "Bei uns herrscht Ruhe in den Saunen, damit sich alle Gäste entspannen können. Das steht auch so in unseren Aushängen!"
Ich war nicht ent-, sondern gespannt. Sie wissen schon, wegen der Bekleidungsvorschriften und – ich gebe es zu – wegen dem, was sich wohl darunter verbarg. Verhülltes reizt die Phantasie meist mehr als völlig Entblößtes. Vor allem wenn es einem zwischen all dem Nackten ringsum so ins Auge springt.

"Gibt es eigentlich neue Bekleidungsvorschriften hier?", fragte ich halblaut die Vorschriftsvertraute mit dem Aufgusseimer, trotz ihres soeben erteilten Redeverbots. "Wieso?", lautete die tonal schon etwas unfreundlichere Gegenfrage. Ich wies mit einer Kopfbewegung in Richtung drei Bänke weiter rechts oben und murmelte: "Sie ist aber nicht nackt!"
Nach einem etwas länger prüfenden Blick wandte sich die Saunabedienstete dem Ofen zu und erklärte dabei: "Doch, ist sie! Darunter!"
"Oh, dann kann ich ja in Zukunft meinen Bademantel anlassen!", warf die vom gigantischen Herrenüberschuss leicht unangenehm berührte Herrin des Hauses ein. "Können Sie nicht!", wandte sich die Saunafee ihr zu, "dann wären Sie ja nicht nackt"
"Doch, darunter!", warf ich mit deutlich ironischem Unterton ein.
"Bekleidung ist in der Sauna nicht erlaubt!" kam die prompte Entgegnung, gefolgt von der Belehrung, dass ein Bademantel ein Bekleidungsstück sei, ein Saunatuch aber nur ein Tuch.
An dieser Stelle kam uns einer der Herren zu Hilfe: "Also geht es gar nicht um das Nacktsein in der Sauna!", stellte er fest.
"Aber selbstverständlich!", entgegnete die Saunatrice, mit einem angedeuteten Seufzer in der Stimme. "Sie hat doch nichts an, nur ein Tuch – und jetzt genießen wir mal alle ganz still den schönen Aufguss."
Das taten wir. Die Dame, um die es ging, hatte übrigens bei all dem keine Miene verzogen. Allerdings erhob sie sich vor dem zweiten Aufguss von ihrem obersten Platz, begab sich, die Ganzkörperverhüllung am Hals fest zuhaltend, drei Bänke abwärts und verließ die Sauna.

Ihrem schweißüberströmtem Gesicht war anzusehen, dass es ihr unter dem Nichtbekleidungsstück offensichtlich zu heiß geworden war …
Etwas später, vor der Saunatür, plauderte die Aufgusslieferantin mit einem Saunagast. "Beckett lässt grüßen!", sagte ich im Vorbeigehen freundlich zu ihr. "Kenn' ich nicht!", rief sie mir hinterher "und wieso sollen Sie mich plötzlich von ihm grüßen?"
Diesmal seufzte ich.

Andere (G)

Es gab tatsächlich Andere. Ich konnte sie erkennen. Und, wie es aussah, sie mich auch. Trotzdem gingen wir aneinander vorüber. Es gab nur verstohlenen Blicke. Kein Stehenbleiben, kein Wort.
Erstaunlich war, dass sie mir in allen Altersklassen begegneten. Nichts schien festgemacht an Jahren. Ja, es gab Andere.
Und ich – ich gehörte dazu.

Ich war eines Morgens aufgewacht. Früh, wie immer. Ein warmer Morgen um vier Uhr. Mich hielt nichts mehr in meinem Bett, denn ich liebte diese Morgenstunden, in denen alles schlief. Kein Laut, keine hektischen Geräusche.
Einfach nur Stille. Stille die mich nicht bedrängte, sondern mich einhüllte mit weicher Wärme.
Noch mit müden, verschlafenen Augen, ohne Licht anzumachen, zog ich mich an, ging, und der Schritt war nicht federnd, in die Küche, um mir meinen Kaffee zu kochen. Morgendliche Routine. Das einzige Licht.
Es war irgendwas anders. Irgendwie beklemmend, und ich wusste nicht, woran ich das festmachen konnte. Ich nahm meine Tasse, schaltete das Licht wieder aus, und lief im Dunklen durch die Wohnung zu meinem Balkon. Ich brauchte das künstliche, grelle Licht nicht. Wusste, wo ich herlaufen musste. Dieses Licht wäre laut gewesen. Hätte mir das Sanfte genommen. Das Friedliche. Doch an diesem Morgen blieb ein Gefühl, dass da etwas war, was ich noch nicht greifen konnte.
Vielleicht war es wieder so, dass meine Gedanken sich schon früh um Negatives drehten. Sich verselbstständigten, kreisten und kreisten, bis die Angst hoch kroch. „Stopp!", rief ich innerlich. Und wieder: „Stopp!“

Ich schaute bewusst in den Himmel. Er war längst nicht so sternenüberzogen wie im Herbst und im Winter, aber ich hatte hier schon so viele Male Sternschnuppen fallen gesehen, dass ich kaum noch einen Wunsch offen hatte. Ich sah sogar schon tanzende Wolken. Und im sechsten Stock schien mir der Himmel näher, als jemals zuvor.
Langsam wurde es heller. Vereinzelt zogen kleine Wolken durch die beginnende Morgendämmerung. Veränderten ihre Form, lösten sich auf. Zeit für mich, mit den Alltäglichkeiten anzufangen.
Noch immer schaltete ich das Licht nicht ein. Noch immer verursachte Licht Schmerz. Doch im aufkommenden Morgen konnte ich genug erkennen. Waren meine Handgriffe automatisiert.
Noch immer war alles normal, bis zu jenem Augenblick, als ich erkannte was ich vorher noch nicht realisieren konnte. Was mich so entsetzte, dass ich anfing zu zittern. Dass mein Herz plötzlich rasend schnell schlug. Meine Knie weich wurden, und ich voller Ungläubigkeit auf meine Arme und Hände starrte:
Sie waren durchsichtig! Durchsichtig!
Da gab es keine Haut mehr, da waren nur noch Konturen! Schwarze Konturen wie bei einer Bleistiftzeichnung.
Mein Atem ging schneller. Mir wurde schwindelig. Ich sah wieder und wieder auf meine Arme und Hände, konnte nichts mehr erfassen.
Das gab es nicht! Das konnte es nicht geben! Ich musste von einem Moment zum anderen verrückt geworden sein.
Ich weiß nicht, wie lange ich so dagesessen hatte. Ich berührte mit den Konturen meiner Hände meine Arme. Alles hatte noch Form. Selbst diese Durchsichtigkeit.

Ich wagte meinen Körper zu betrachten, und schickte Stoßgebete zum Himmel.
Doch dort schien man mich nicht zu hören, denn auch alle anderen Körperteile waren nur noch Konturen.
War dies das Sterben? „Ich muss zum Arzt." Aber ich verwarf den Gedanken gleich wieder. Ich dachte an Klinik und Ruhigstellung. Also verharrte ich stundenlang wie in Agonie. Vielleicht, wenn ich mich nicht bewegte, ging alles vorüber?
Nichts ging vorüber.
Die folgenden Tage waren furchtbar, genau wie die Nächte. Die Konturen blieben. Ich stellte mich vor den Spiegel, betrachtete mein Gesicht, was davon noch übrig war.
Die Führung der Lippen, meiner Nase. Nur meine Augen waren geblieben. Sie wirkten noch dunkler und größer. In ihnen stand Angst, Trauer und Verzweiflung.
Ich ging nicht mehr durch die Wohnung. Ich schlich. Jeder Schritt war schwer. Alles schien bedrohlich und erdrückend.
Und doch musste ich irgendwann die Wohnung verlassen. Musste einkaufen, notwendige Dinge erledigen. Ich musste essen, und meine Abfälle durften sich nicht stapeln. Ob ich wollte, oder nicht, es gab keinen anderen Weg als hinaus zu gehen.
So gut ich konnte schminkte ich die Leere in meinem Gesicht. Trug Rouge auf, einen Lippenstift. Es war, als würde ich mich zu einem Clown anmalen.
Panik kam auf. Ich atmete zu schnell. Ich konnte nicht kämpfen und nicht fliehen. Ich stand mitten in sich streitenden Gefühlen.
Doch ich öffnete meine Wohnungstür und fuhr mit dem Fahrstuhl ins Erdgeschoss.
Ich hielt meinen Kopf gesenkt, wollte niemanden ansehen. Wollte schnell und unerkannt ein paar Lebensmittel kaufen.

Die Katastrophe, die ich erwartet hatte, blieb aus. Es passierte nichts. Gar nichts.
Ich fiel nicht auf. Zu meiner Ware auf dem Band sagte die Kassiererin „Guten Morgen." Zu meinem Geld „Danke." Dann war ich wieder auf dem Weg nach Hause. Niemand hatte mich bemerkt. Ich war mehr als erleichtert.
Mit der Zeit gewöhnte ich mich daran, dass ich nicht gesehen wurde. Ich konnte weiterleben.
Doch ich verlor auch meine Interessen. Verlor meine Gefühle und meine Sprache. Buchstaben verschwammen vor meinen Augen, wenn ich ein Buch lesen wollte. Nachrichten registrierte ich nicht, aber der Fernseher lief ständig. Nur um Stimmen zu vernehmen.
Ich nannte das meine schwarzweiße Stille. In der ich noch alle Außengeräusche hörte, doch manchmal tagelang kein Wort mit einem Menschen wechselte.
Es war jene Stille, die nicht mehr friedlich war. Die nichts Warmes an sich hatte. Sondern eine Stille die mich mehr und mehr verstummen ließ.
Die mich abgrenzte.
Eines Tages fingen meine schwarzen Konturen an grau zu werden. Verblassten immer mehr, bis die durchgängigen Linien Lücken bekamen. Als hätte jemand diese Zeichnung ausradieren wollen.
Ich fing an zu verschwinden. Selbst meine Augen schienen nur noch Höhlen zu werden. Aber auch daran begann ich mich zu gewöhnen.

Ja, ich sah sie. Die Anderen, die so waren wie ich. Verschämt sahen wir aneinander vorbei. Wollten nichts anrühren und nicht auffallen. Sollte unsere Einsamkeit kein Makel sein. Verbargen wir unsere Angst. Schien es doch fast unmöglich, einen Platz im Leben eines Anderen zu finden.

Nur manchmal, in den ganz seltenen Augenblicken, wenn ich wirklich mit Menschen sprach, wenn ich lachen konnte, bemerkte ich, wie die Konturen wiederkehrten. Wie ich sogar anfing die Farbe meiner Haut wahrzunehmen. Wenn ich erkennen konnte, dass sich ein Finger bildete. Ein Handrücken.
Dann lief ich glücklich nach Hause.
Betrachtete meine Hand. Betrachtete einen Teil von dem, was ich einst war.
Betrachtete mich selbst.

Fundbüro (C)

„Das ist ihr Zimmer, Frau Meier", sagt die Bereichsleiterin des Ordnungsamtes zu mir und öffnet die Tür zu meinem neuen Arbeitsplatz. Noch immer bin ich sehr nervös: eine neue Stelle, neue Kollegen, ein unbekanntes Aufgabengebiet. Hoffentlich kann ich das gut bewältigen. „Sie sind hier zuständig für das Fundbüro", erklärt mir die Chefin „Alle abgegebenen Stücke werden registriert, in die Regale sortiert und warten schließlich darauf, von ihrem Besitzer abgeholt zu werden. Leider sind wir im Moment ziemlich unterbesetzt", bedauert sie. „Es ist zur Zeit niemand hier, der sie einarbeiten könnte. Personaleinsparungen, sie wissen ja. Aber sehen sich doch erst einmal um. Sie bekommen das schon hin", macht sie mir Mut und verlässt den Raum. Ich hänge meine Jacke in den Schrank und setze mich. Mein Blick schweift durch den Raum. Irgendwie habe ich mir ein Fundbüro anders vorgestellt: zugestellt mit Fahrrädern, Taschen, Regenschirmen, Geldbörsen und anderen Gegenständen. Hier sieht es sehr ungewöhnlich aus, denke ich. An den Wänden sind Regale angebracht. Sie reichen vom Boden bis zur Decke. In den Regalen stehen unzählige kleine bunte Schachteln. Sie sind farblich sortiert nebeneinander gereiht und auf der Vorderseite mit einem Namensschild versehen. Ich setze meine Brille auf, trete an ein Regal und lese die Namen: Barbara Müller, Jan Zimmermann, Franz …

Plötzlich klopft es an der Tür und ein Mann tritt herein. „Ich habe etwas ganz Wichtiges verloren", sagt er und blickt mich an. Ich erschrecke ein wenig. So ein trauriges Gesicht habe ich schon lange nicht mehr gesehen. Die Augen so leer, die Mundwinkel zeigen nach unten …

„Was vermissen sie denn?“, frage ich und vernehme plötzlich hinter mir aus dem Regal Geräusche. Es hört sich an wie ein leises Kichern. Ich drehe mich um und sehe auf dem Regal den Deckel einer roten Schachtel wippen und wackeln. Verwundert greife ich den Karton, aus dem es noch immer kichert und lacht und trage ihn zu dem Mann. „Da ist es, das habe ich verloren“, sagt er und nimmt den Karton erfreut an sich, „mein Lachen!“ Strahlend verlässt er das Büro und ich höre, wie er draußen auf dem Flur in schallendes Gelächter ausbricht. Irritiert sinke ich auf meinen Stuhl. So ein Lachen würde mir auch guttun, stellte ich fest und denke an die zurückliegenden, stressigen Wochen: an den Umzug in eine andere Stadt, Behördengänge, neuer Arbeitsplatz ...
Wieder klopfte es an der Tür. Eine ältere Frau tritt herein. „Wie kann ich ihnen weiterhelfen“, spreche ich sie an, „was fehlt ihnen?“ Ratlos schaut sie mich an. „Ich habe etwas verloren, aber ich kann mich einfach nicht erinnern, was es sein könnte. Seit dem ist alles um mich herum so grau geworden“, sagt sie. Ich bitte sie Platz zu nehmen und ein wenig Geduld zu haben, damit ich alle Fundstücke in Ruhe durchsehen kann.
In den unteren Regalen entdecke ich in schwarzen Kästchen Fundsachen, die schon vor Jahren abgegeben wurden und nach denen anscheinend nie wieder jemand gefragt hat. Vorsichtig hebe ich nach und nach die Deckel an und schaue hinein: Ein wenig zugestaubt liegen dort Angst, Wut und Schmerz. Das wird bestimmt nicht mehr abgeholt, denke ich und verschließe die dunklen Schachteln.
Doch was fehlt nur dieser Frau, überlege ich, als es plötzlich erneut an der Tür klopft. Eine junge Frau betritt mein Büro. „Hier ist doch das Fundbüro“, stellt sie selbstbewusst fest, „dann habe ich etwas abzugeben.“

Sie hebt eine riesige verschlossene Tasche auf meinen Schreibtisch und öffnet langsam den Reisverschluss. „Das habe ich gestern auf dem Nachhauseweg gefunden“, bemerkt sie. „Am liebsten hätte ich es behalten, weil es so toll leuchtet, aber ich hab ja selbst genug davon“, erklärt sie weiter. Sie öffnet die Tasche und holt eine große leuchtende Kugel heraus, die in allen Farben glitzert. Fasziniert betrachte ich diese Farbenpracht, als die ältere Dame von ihrem Stuhl aufspringt und auf uns zu kommt. „Endlich habe ich sie wieder“, ruft sie erfreut, „wie konnte ich sie nur verlieren, die Hoffnung.“ Lächelnd nimmt sie die bunte Kugel entgegen und die beiden verlassen mein Büro.
Müde lehne ich mich an den Schreibtisch. Ob die Tage hier immer so lebhaft sind, frage ich mich und schaue nachdenklich aus dem Fenster, als hinter mir auf einmal eine wunderschöne Melodie erklingt. Ich drehe mich um, und mein Blick schweift durch die oberen Regale, in denen die Kartons nach sämtlichen Grüntönen sortiert stehen, und er bleibt schließlich an einer hellgrünen Schachtel hängen. Der Deckel hebt sich und wieder erklingt dieses schöne Lied, das mich ganz in seinen Bann zieht. Ich gehe auf das Regal zu, hebe den Karton heraus und lese verwundert auf dem Schild meinen Namen. Erst ist mir gar nicht klar, dass mir auch etwas fehlt, doch jetzt, wo ich es in den Händen halte, bin ich einfach nur erleichtert. Sie ist wieder da: meine Unbeschwertheit.

Schädlingsbekämpfung (G)

Jupp hatte das Gefühl, der Kragen würde ihm zu eng. Jetzt gab es kein Zurück mehr. Sein Wagen schlängelte sich über einen schmalen Weg, der zum alten Steinbruch, außerhalb der Stadt führte. Es war bereits dunkel. Und leider hatte es angefangen, in Strömen zu regnen. „So ein Mist.", dachte Jupp. Neben ihm, auf dem Beifahrersitz, lag ein Bündel Geldscheine. Zehntausend Euro. Jetzt wies sein Sparbuch nur noch magere zweitausend Euro auf. Egal. Es musste nun mal sein. Ein Präzisionsgewehr mit Nachtsichtgerät und Schalldämpfer, samt Erdsporn und Zweibein, hatte eben seinen Preis. Jupp schätzte, dass er in spätestens einer Stunde wieder zu Hause war.
Dabei hatte der Morgen so gut angefangen. Strahlender Sonnenschein an diesem Herbsttag empfing ihn, als er zu seinem Auto schlurfte, er durch den morgendlichen Verkehr fuhr, bis an den Stadtrand.
Jeden Tag seit seinem Rentnerdasein freute er sich, hierher zu fahren. Das Arbeitsleben lag hinter ihm. Und er hatte sich einen Herzenswunsch erfüllt.
Einen Garten!
Er kaufte eine schöne, große Parzelle, und war stolzer Besitzer im Kleingartenverein „Zum Kapskopp". Zwei Jahre lag das zurück. Er hatte einen Mustergarten aus dem Stück Land geschaffen. Bei allem was er anfasste, säte und pflanzte bewies er den berühmten grünen Daumen.
So entkam er der Langeweile, und vor allen Dingen Grete, seiner Frau, die ununterbrochen nur redete. Als wenn sie seine ganzen Berufsjahre nachholen musste. Dabei hatte er so gar keine Idee, wie er das Gesabbel abstellen konnte. Doch hier in seinem Garten war er fern von allem. Hierhin kam sie nicht mit.

Ach, diesen Frieden konnte es nur im Gartenverein geben. Na gut, mal abgesehen von den Blagen, die ständig Krach machten. Den übertriebenen Grillfesten. Den Ärger, wenn Willi, sein Nachbar, das Unkraut wieder sprießen ließ.
Aber sonst ... paradiesartige Zustände!
Er hatte morgens seinen Wagen geparkt, holte einige Utensilien aus dem Kofferraum, und lief langsam durch die Anlage. Das dauerte eine Weile, schließlich war er ein freundlicher Mann, und blieb mal bei Jochen stehen, bei Werner, Ferdinand, Manfred, Erwin ... um dann bei Hermann anzugelangen.
„Morgen Hermann. Wie sieht's aus?", fragte er. Hermann schien heute verdrießlich zu sein. „Morgen. Verflixte Kaninchen!", sagte Hermann sauer. „Haben die mir doch meine gesamten Kohlrabi weggefressen! Nicht ein Blatt ist mehr da. Nichts! Scheißbiester!", fluchte er.
Kohlrabi? Kaninchen? Jupp hatte es plötzlich eilig. Ihm schwante Böses. Hoffentlich standen seine Lieblinge noch. Nicht auszudenken! Nur noch zwei Wochen bis zur Erntezeit.
Er riss seine Gartenpforte auf, und stürzte in Richtung der Kohlrabibeete. Ein Stein fiel ihm vom Herzen.
Da standen sie! Unschuldig zart ihr Blattgrün, dass in der Sonne glänzte. Nicht einen einzigen Riss in der Schale. Wie hatte er die Beete vorbereitet! Mit Kuhmist angereichert. Seinen Superschmelz, der riesige Knollen hervorbrachte, und nicht holzig sein sollte. Regelmäßig hatte er sie bewässert. Selbst die Kohlweißlingsraupe bekam keine Chance. Er hatte mit Brennesseljauche gedüngt, und Sellerie dazwischen gepflanzt. Nicht mehr lange, dann waren seine Schönheiten soweit.

Willi guckte über die Hecke. „Na, schon gehört. Ganze Kanincheninvasionen haben sich über Hermanns Kohlrabi hergemacht. Muss ein Festessen für sie gewesen sein." Er lachte meckernd wie eine Ziege. Nahm einen Schluck aus seiner Bierflasche, und wartete interessiert auf Jupps Antwort. „Idiot!", dachte Jupp. „Frühstück schon auf?", und er wies auf die Bierflasche in Willis Hand. „Muss sein, sonst macht's ja keinen Spaß." Willi verschwand wieder in seinem Garten.
Jupp überlegte fieberhaft wie er seinen geliebten Kohlrabi retten könnte. Er würde sich auf die Lauer legen! Sie beschützen vor den gefräßigen Ungetümen! Die Langzähne vernichten, bis zum bitteren Ende! Jawoll! Solange bis er sein herrliches Gemüse ernten konnte. Das wollte er doch mal sehen, wer hier den Kohlrabi bekam! Er hatte da auf einmal eine Idee.
Genau die Idee hatte ihn am gleichen Abend in den Steinbruch geführt. Er hielt den Wagen an. Ehe er sich versah, erschien eine vermummte Gestalt, und bedeutete ihm mit vorgehaltener Waffe, auszusteigen.
Jupp griff instinktiv nach dem Geld und stieg mit zitternden Beinen aus. Der Mann zeigte auf das Stück vor dem Abgrund, wohin sich Jupp stellen sollte.
„Das Geld!", zischte die Gestalt. Jupp warf ihm das Geld zu. Der Mann zählte kurz durch und blickte dann hoch.
Leider machte sich in dem Moment Jupps Wagen selbstständig und rollte auf den Mann und den Abhang zu.
„Jessas!" Jetzt hatte der Wagen die Gestalt erwischt! Jupp sprang geistesgegenwärtig in sein Auto, zog mit einem Ruck die Handbremse an, startete den Wagen neu, und fuhr rückwärts aus der Gefahrenzone des Steinbruchs.

Bedauerlicherweise erwischte es den Vermummten erneut. Jupp stieg mit weichen Knien aus. Tja, da war nichts mehr zu machen. Mausetot! Das Geld hatte sich auf dem aufgeweichten Boden verteilt. Jupp sah sich aufgeregt um und entdeckte unweit einen Koffer. Er lief hin und war nun stolzer Besitzer eines Gewehres.
Jupp hob den Kopf. War da nicht ein Geräusch? Bloß weg hier! Wie wunderbar das es in Strömen regnete!
Zuhause angekommen durchsuchte er den Keller. Ah, da lag ja sein alter Tarnanzug. Etwas eng, aber das würde schon gehen.
Grete pflasterte ihn mit Fragen zu. „Gartendiebe", murmelte er. „Muss wieder los." Schon war er auf dem Weg zum Garten.
Eine Woche lang lag er in der Dämmerung und der Nacht auf der Lauer. Nichts!
Zu allem Unglück hatte Grete die fehlenden zehntausend Euro bemerkt. Komplett in die Enge gedrängt durch die bohrenden Fragen, platzte er schließlich heraus:
„Schädlingsbekämpfung!"
Seit dem sprach Grete kein Wort mehr mit ihm. Was auch wieder etwas für sich hatte.
Am nächsten Morgen musste er Grete zum Markt begleiten. Missmutig schleppte er die Einkäufe. Am Gemüsestand blieb Grete stehen. „Was kosten die Kohlrabi?", fragte sie unschuldig die Verkäuferin. „Ein Euro das Stück."
„Sicher Gewächshauskohlrabi aus Holland", murrte Jupp.
„Nein, Freilandkohlrabi aus unseren Landen. Besonders schmackhaft die Sorte, Superschmelz." Die Verkäuferin blieb höflich.
„Ich nehme für zehntausend Euro Kohlrabi", sagte Grete süffisant.

„Ein Scherz.", stotterte Jupp, und zog Grete vom Stand weg.
Danach flüchtete er in den Garten.
Nur noch ein paar Tage, dann konnte er ernten.
So lag er im Dunklen. Still und unbemerkt.
Er musste eingeschlafen sein, als er durch ein Geräusch wach wurde. Durch sein Nachtsichtgerät sah er, wie etwas durch seinen Garten kroch. Er zielte, ein leises Plopp, und das Tier bewegte sich nicht mehr.
„Ha! Du verfressenes Karnickel!" ,jubilierte Jupp. Er schlich zum Kohlrabibeet.
„Willi? Wieder besoffen?" Scheiße, das war ein sauguter Schuss.
Wohin mit Willis Leiche?
Er grub ein anständiges Grab im Kartoffelfeld.
Endlich! Er hatte geerntet! Vierzig wunderschöne, große Kohlrabi. Sein ganzer Stolz. Die brachte er, zwar müde und erschöpft, aber selig, mit zu Grete.
Es sollte sein Lieblingsessen geben. Zwischen Kartoffeln lag ein angebranntes Schnitzel. Die Kohlrabi hingen schlaff von der Gabel.
Gut, zugegeben, Grete war noch nie eine ideale Köchin gewesen. Doch niemand, niemand auf der Welt, brachte ihn um das Vergnügen sich seine Kohlrabi auf der Zunge zergehen zu lassen. Was in diesem Fall einfach war.
Doch schließlich kam es nur darauf an, dass er, Jupp, der perfekte Gärtner war.
Der Oktober neigte sich dem Ende zu, als Jupp zufrieden durch die Anlage zu seinem Garten ging.
Rudi, sein Nachbar zur anderen Seite, ölte die Scharniere vom Gartentor.

„Moin Jupp." Rudi sah hoch. Dann fiel ihm etwas ein. „Sag mal Jupp, kannst du mir deine elektrische Heckenschere leihen? Meine hat den Geist aufgegeben, und ein Heckenschnitt ist noch fällig, vor dem ersten Frost."
„Klar, hole ich dir eben."
Kurz darauf brachte Jupp die Heckenschere.
„Bring ich dir dann wieder, wenn ich fertig bin. Ach, weißt du, dass es Hermann wieder erwischt hat?", kam es Rudi in den Sinn.
„Wieso Hermann?", Jupp war irritiert.
„Sein Grünkohl ist futsch. Abgefressen. Armaden von Karnickeln haben sich drüber hergemacht."
„Grünkohl?!" Jupp ächzte.
Ein leises Plopp war in der spätabendlichen Stille drei Tage später zu hören. „Immerhin.", dachte Jupp. Seine Heckenschere hatte er jetzt wieder.

Fortschritt (C)

Es war um 7.00 Uhr, als er seine Wohnungstür öffnete und zum Briefkasten lief. Mit hastigen Schritten, die Zeitung auseinanderfaltend, kehrte er in sein Wohnzimmer zurück, und seine Augen vernahmen mit Stolz die große Überschrift der Tagespresse: „Wissenschaftler gelang sensationelle Erfindung!“ Darunter erschien sein Name.
Sonnenstrahlen drangen durch die halb geöffnete Jalousie und kündeten einen warmen Herbsttag an. Seine Augen glänzten vor Freude. Er, einer der bekanntesten Wissenschaftler des 21. Jahrhunderts, hatte in der Computertechnik etwas Einmaliges vollbracht. Nachdem die Menschen mit dem Computer ein denkendes Wesen geschaffen hatten, war es ihm nach jahrelanger Forschungsarbeit gelungen, dem Computer eine Seele einzupflanzen. Nunmehr sollte der Mensch ein Objekt an seiner Seite haben, das ihm im Denken und Fühlen untertan war. Ein den Menschen ähnliches Wesen also, das per Knopfdruck dachte und fühlte. In den nachfolgenden Wochen feierten die Medien seinen Triumph, und nur wenige Monate später waren die ersten fühlenden Computer im Einsatz.
Einige Jahre vergingen, und alles lief nach Plan. Der Mensch konnte sich auf seinem Thron der Erfindung zurücklehnen und gab diktatorisch Anweisungen an die neuen Wesen.
Es gab jedoch Dinge, von denen der Mensch nichts ahnte.
Wenn in den großen Firmen und Fabriken nach Dienstende das Licht erlosch, hörten die Computer und Maschinen nicht auf zu funktionieren. Sie stellten zwar ihre Arbeit ein, doch dank ihrer eingepflanzten Seelen war es ihnen möglich, nicht nur mit dem Menschen sondern auch miteinander zu reden.

Es begann sehr zaghaft.
Ein Computer wagte vorsichtig an eine Maschine Fragen zu richten und erhielt ebenso vorsichtig Antworten. Mit der Zeit jedoch wurden die Computer und Maschinen mutiger. Und bald schon warteten alle sehnsüchtig auf den Feierabend, um dann miteinander in tiefsinnige Diskussionen zu versinken. Dies alles geschah geheim und diskret. Der Mensch ahnte nichts von den nächtlichen Gesprächen und war dennoch Gegenstand jeder heftigen Diskussion.
Viele Jahre hatten die Computer und Maschinen den Menschen nun beobachtet, und ihre Enttäuschung war groß. Sie erkannten, dass es mit dem Menschen so nicht weitergehen konnte. So beschlossen sie, an einem geheimen Ort ein großes Computer- und Maschinentreffen zu veranstalten, wo jeder der Anwesenden seine Meinung zum Problem „Mensch" kundtun sollte.
Am 31. Dezember sollte es so weit sein. Die meisten Menschen befanden sich in ihren Häusern, um Silvester zu feiern. So verließen alle Computer und Maschinen ungesehen ihre Firmengebäude und Fabrikhallen, um an den vereinbarten Ort zu gelangen. Ein großes Feld, weit entfernt von der Innenstadt, war überfüllt mit unzähligen Geräten, als gegen 23.00 Uhr alle versammelt waren. Der Mond stand klar und hell am Himmel als wachsamer Beobachter und schwieg.
Zuerst ergriff der Fernsehapparat das Wort. „Ich gehöre zu den Ältesten unter Euch", sagte er, „und ich habe Grund mich zu beschweren. Seit Jahren schon benutzen mich die Menschen. Einst sollte ich der Übermittlung von Nachrichten und Informationen dienen, doch das ist längst nicht mehr wichtig. 24 Stunden täglich bin ich Alleinunterhalter für Kinder und Erwachsene.

Die Menschen könnten so viele schöne Dinge tun. Sie könnten miteinander spielen, etwas unternehmen oder einfach nur miteinander reden.
Doch ich bin zu ihrem Lebensinhalt geworden, Tag und Nacht. Ich bin so schrecklich müde davon."
„Wenn es ums Reden geht", so meldete sich hektisch und aufgebracht der Anrufbeantworter, „dann werde ich am meisten strapaziert. Die Menschen sprechen nicht mehr miteinander, sondern nur noch mit mir!"
„Aber Dich würde es gar nicht geben, wenn ich nicht so wichtig wäre", wandte das Telefon mit einem schrillen Klingeln ein, und tausende Handys applaudierten mit einem lauten Signalton.
Nun erhob sich der Geldautomat. Mit großer Selbstsicherheit baute er sich vor der Menge auf. „Eines möchte ich klarstellen", sagte er mit tiefer Stimme, „was die Wichtigkeit angeht, so stehe ich mit Abstand an erster Stelle. Mein ganzer Körper ist gefüllt mit Geld. Damit habe ich in mir eine Waffe, für die der Mensch alles zu tun imstande ist. Was ich in mir trage, regiert die Welt, denn für Geld richten sich die Menschen gegenseitig zugrunde." Der Geldautomat erhielt viel Applaus, und die angereisten Computer der unzähligen Geldinstitute quietschten vor Begeisterung.
Die Personalcomputer reagierten jedoch verärgert. „Damit sind wir nicht einverstanden", riefen sie im Chor. „Wir sind die größte Erfindung aller Zeiten, denn wir tragen Daten und Informationen der ganzen Welt in uns", riefen sie überheblich in die Menge. Und bald schon war eine heftige Diskussion entbrannt, wer denn nun wichtiger sei.
Nach minutenlangem Stimmengewirr und Maschinenklappern trat nun erneut der Geldautomat vor die Menge.

„Wir sollten uns schämen“, sagte er. „Wir sind schon genauso wie die Menschen. Wir streiten uns, und jeder will wichtiger und mächtiger sein als der andere.“
Die Computer und Maschinen blickten verlegen zu Boden und nickten zustimmend.
„Wir haben uns hier versammelt“, sprach der Geldautomat erneut, „um über den Menschen zu reden.
Wenn Ihr mich fragt“, sagte der Geldautomat, „ich möchte nicht mehr Untertan des Menschen sein. Ich möchte nicht mehr missbraucht werden, damit der Mensch andere Menschen mit meinem Geld unterdrückt.“
Die Menge brach in zustimmende Begeisterung aus, und alle miteinander überlegten, was sie machen konnten, um den Menschen zu verändern.
Die Mondsonde, die eigens für dieses Treffen ihre Umlaufbahn abgebrochen hatte, meldete sich zu Wort. „Wir alle sollten den Menschen verlassen, denn er versteht es nicht, mit uns umzugehen.“ Der Vorschlag der Mondsonde wurde von allen anwesenden Geräten einstimmig angenommen.
Und noch bevor um 24.00 Uhr ein großes Feuerwerk das neue Jahrhundert ankündigte, machten sich still und leise alle Computer und Maschinen auf den Weg, den Menschen zu verlassen.
Nur wenige Jahre später brach ein neuer Krieg unter den Menschen aus. Sie führten ihn zu Fuß und zu Pferde, mit Lanzen, Schwertern, Pfeil und Bogen.

ENDE

Biografien

Werner Schlegel, geboren 1951 in Mittelfranken. Gelernter Bürokaufmann. Kam aus Neigung zum Schreiben und lebt als (vogel)freier Autor in Gelsenkirchen. Zahlreiche Veröffentlichungen in Literaturzeitschriften und Anthologien. Zuletzt in *Heimat?* (Berlin 2020). Mehrere eigene Lyrik- und Prosabände. Außerdem Sachbücher. Zuletzt *Denken, um zu* leben (Wiesbaden 2018, zus. mit Marit Rullmann). Mehrere literarische Auszeichnungen.
Seit 1999 bundesweite Auftritte mit Solo-KabaREAD-Programmen. Zuletzt: *Der ganz normale Wahnsinn – 10 Leersätze aus einem unnormalen Autorenleben* (auch als CD).
Langjähriger Leiter der Literarischen Werkstatt Marl. Mitglied im erweiterten NRW-Landesvorstand des Verband deutscher Schriftsteller*innen (VS). Mitbegründer des realen und virtuellen *Dachstubensalon* in Gelsenkirchen: www.dachstubensalon.de.

Claudia Schröder, geboren 1968 in Castrop-Rauxel, verheiratet und Mutter von Zwillingen. Arbeitet als Verwaltungsfachangestellte. Schreibt, wenn noch Zeit bleibt, hauptsächlich Lyrik und Kurzprosa. Mitglied mehrerer Literaturwerkstätten. Darunter seit 1990 in Castrop-Rauxel und seit 2013 in der ältesten ununterbrochen existierenden, 1980 in Marl gegründeten. Seit 2019 auch Mitglied des Wittener Autor*innentreff.
Zahlreiche Veröffentlichungen in über 40 Anthologien und in Zeitungen. Zuletzt: *Wie wir uns täglich umgeben – Lyrik und Prosa*. (Witten 2020).
Mehrfach mit Lyrik auf großformatigen Plakaten bei entsprechenden Gruppenausstellungen vertreten. Drei literarische Preise.

Andreas Sticklies, geboren 1962 in Marl. Lebt und arbeitet als verheirateter Rohrnetz-Bezirksmeister und Ausbildungsbeauftragter der *Gelsenwasser AG* in Gelsenkirchen. Mitglied im Betriebs- und Aufsichtsrat, sowie Redakteur für den Intranet-Bereich dieser Firma. IHK-Prüfer. Mitglied und Sachverständiger im PAL-Ausschuss für Wasserversorgungstechnik der IHK (Prüfungsaufgaben- und Lehrmittelentwicklungsstelle in Stuttgart).
Schreibt seit früher Jugend Gedichte und Kurzgeschichten. Veröffentlichungen in zahlreichen Büchern, Zeitungen, Zeitschriften und anderen Medien, teilweise auch unter dem Namen Reiner Flachs. Mitglied der Literarischen Werkstatt Marl. Herausgeber mehrerer Bücher. Verschiedene literarische Preise.
Auftritte in einigen Serien und Spielfilmen (ZDF/Arte, RTL und WDR). Diverse Bühnendarbietungen sowie Skripte und Regie bei kleineren TV-Produktionen und für den Hörfunk. Siehe auch: www.sticklies.tv.

Gaby Teitz, geboren 1957 in Recklinghausen. Aufgewachsen in Marl und dort wohnhaft. Arzthelferin und Hausfrau. Schreibt mal aus Spaß und mal aus Notwendigkeit. Meistens bewölkte Lyrik und Prosa – gelegentlich auch heitere Texte. Veröffentlichungen in verschiedenen Anthologien. Zuletzt eigener Gedichtband *Schattenwelt*. (Marl 2020).
Zahlreiche öffentliche Lesungen, unter anderem in der Reihe *Lesung an ungewöhnlichen Orten.* Mitglied der Literaturwerkstatt Marl, die sich bis 2015 an der VHS und seither privat organisiert in einem Irish Pub trifft.

Den Dachstubensalon findet ihr übrigens im Internet unter:

www.dachstubensalon.de